Harry Jannsen

Märchen und Sagen des estnischen Volkes

D1718336

Literaricon

Harry Jannsen

Märchen und Sagen des estnischen Volkes

ISBN/EAN: 9783959130493

Auflage: 1

Erscheinungsjahr: 2016

Erscheinungsort: Treuchtlingen, Deutschland

Literaricon Verlag UG (haftungsgeschränkt), Uhlbergstr. 18, 91757 Treuchtlingen. Geschäftsführer: Günther Reiter-Werdin, www.literaricon.de. Dieser Titel ist ein Nachdruck eines historischen Buches. Es musste auf alte Vorlagen zurückgegriffen werden; hieraus zwangsläufig resultierende Qualitätsverluste bitten wir zu entschuldigen.

Printed in Germany

Cover: Karl August Senff, Ansicht von Narva, 1812

Märchen und Sagen

des

estnischen Volkes.

Uebersetzt und mit Anmerkungen versehen

von

Harry Jannsen.

Zweite Lieferung.

Riga.
Verlag von N. Kymmel.
1888.

Leipzig.
C. F. Fleischer.
1888.

Vorwort.

Als ich im Jahre 1881 die erste Lieferung der vorliegenden Sagen- und Märchensammlung erscheinen ließ, lag es in meinem Plane, das ganze Werk innerhalb weniger Jahre zu vollenden. Aufgaben anderer Art drängten mich jedoch von diesem Vorhaben ab und erst heute ist es mir vergönnt, die Fortsetzung des Werkes dem Publicum zu übergeben.

Ich muß vor Allem dankbar anerkennen, daß jene erste Lieferung bei der Kritik des In- und Auslandes eine günstige, ja zum Theil überaus freundliche Aufnahme gefunden hat. Insbesondere fühle ich mich Herrn Professor Max Müller in Oxford, dem berühmten Mythologen und Sanskritgelehrten, für die wohlwollende Anzeige verbunden, die er dem Buche widmete (in „The Academy", London 1882, Nr. 507). So bleibt mir nur der Wunsch übrig, daß auch dem vorliegenden Bande die gleiche Aufmerksamkeit der Kritik zu Theil werde.

Es erscheint mir, wie ich es schon im Vorwort zur 1. Lieferung andeutete, nicht angängig, der lieferungsweisen Ausgabe dieser Volksmärchen einen fortlaufenden kritischen Sachcommentar anzuhängen. Darum muß auch die Frage über den selbständigen

Ursprung der einzelnen Märchenstoffe und ihr Verhältniß zu der
Mythenpoesie anderer Völker vorläufig unerörtert bleiben. Ich
möchte jedoch bemerken, daß die in meine Sammlung bisher auf=
genommenen Stoffe sich nicht allzuhäufig mit der Märchenwelt
außerhalb der ostseefinnischen Völkerverwandtschaft berühren. All=
gemeine Aehnlichkeiten wird man natürlich nicht vermissen. Denn
schon darin liegt das allgemein Gleiche und der Grund zu un=
abläſſigen Aehnlichkeiten in der großen Märchenfamilie der Völker,
daß sie überall aus dem versinkenden Mythus der Ahnen ihren
Ursprung nimmt. Die Herren und Helden des von einer höheren
Denkstufe eroberten Götterhimmels sterben nicht ganz. Aus der
Nothwendigkeit ihrer Erzeugung durch ewige Väter, d. h. durch
gewisse unwandelbare Qualitäten und Bedürfnisse des Volks=
gemüthes= und Intellects, schöpfen sie die Kraft, die Phantasie
weiter zu befruchten und von Geschlecht zu Geschlecht eine naive
Existenz fortzuführen. Die unteren Religionsstufen der aller=
verschiedensten Völker weisen aber keine specifischen Verschieden=
heiten auf und der Character und Gang der Märchenentwickelung
ist sich daher überall wesentlich ähnlich. Das leuchtet von selbst
ein, denn die menschliche Seele hat auf der ganzen Welt die
nämliche menschliche Organisation; mithin darf man am aller=
wenigsten in ihrer primären Metaphysik entgegengesetzte Welten
finden wollen. Der besonnene Forscher wird also die aus der
Gleichheit der constitutiven Elemente alles Mythenbaues hervor=
gehenden Aehnlichkeiten nicht mit zufälligen Entlehnungen ver=
wechseln, vielmehr wird sich gerade darin das Maß seiner Kenntnisse,
die Durchdringung seines Stoffes und sein kritisches Vermögen

zu erkennen geben, daß er im Stande sei, jene primären, sich
überall wiederholenden Uebereinstimmungen in den Elementen
und sogar in gewissen Details der Märchenstoffe von den eigent-
lichen blutsverwandtschaftlichen Beziehungen und von den acci-
dentellen Gevatterschaften mit glücklichem Blick zu trennen. — In
der vorliegenden Sammlung erinnern doch einige Züge an eine
fremde, speciell an die germanoslawische Sagenwelt, so z. B.
die wunderbare Ausstattung der jüngsten Schwester (des Aschen-
brödels) mit den Geschenken einer verborgen bleibenden guten
Macht, und einiges Andere.

Da ich auch diese zweite Lieferung nicht nur in dem engeren
Kreise der Mythenforscher, sondern unter einem größeren Lese-
publicum, das sich gern an der frischen Volkspoesie des Märchens
erquickt, verbreitet sehen möchte, so habe ich zwar mit den Anmerkungen zu den einzelnen Stücken, wo es nöthig schien, das
Verständniß der Lectüre erleichtern wollen, dabei aber die-
jenige Ausführlichkeit, welche zur Erschöpfung des Gegenstandes
führen müßte, vermieden und mir nur selten (so in der Anmerkung zu Nr. 1) eine geringe Abweichung von diesem Grund-
satze gestattet. Ich möchte jedoch die Gelegenheit zu der Mittheilung benutzen, daß mich die Arbeit an einer vollständigen
estnischen Mythologie schon seit Jahren beschäftigt. In dieser
wird man hoffentlich das ganze Gebiet dargestellt und die Fragen
gelöst finden, deren eingehende Untersuchung hier nicht am
Platze wäre.

Seit dem Anfang unseres Jahrhunderts haben die hervor-
ragendsten Alterthumsforscher der baltischen und vorzüglich der

estnischen Sagen= und Märchenwelt ein reges Interesse zugewandt und — wie z. B. Jacob Grimm in seiner Deutschen Mythologie und in der Ausgabe des Reinhart Fuchs — die ganze Bedeu= tung derselben anerkannt, wenngleich das ihnen zugänglich ge= wordene Material sich nicht im mindesten mit der Reichhaltigkeit des heute zu Tage geförderten messen kann. Auch für unsere eigene Heimath gab es eine fröhliche Zeit des Studiums dieser unserer einheimischen Schätze. Sie umfaßt die beiden ersten Decennien der Wirksamkeit der Gelehrten Estnischen Gesellschaft zu Dorpat, wo Männer wie R. Graf Rehbinder, Eduard Pabst, Rosenplänter, Fählmann, Kreutzwald, Neus, Schiefner u. A. blühten. Inzwischen scheint die Freude an unserem heimathlichen Eigenthum und die Sorge für dasselbe merklich unter uns abge= schwächt worden zu sein und neuer Belebung zu bedürfen. Möge zu solcher höchst wünschenswerthen Belebung auch dieses Buch, soviel in seiner Aufgabe liegt, beitragen.

Riga, im Februar 1888.

Harry Jannsen.

Inhalt.

1. Widewik, Koit und Hämarik.[1]

(Dämmerung, Morgenroth und Abendröthe.)

Altvater hatte drei flinke Diener: zwei frische, schöne und sittige Jungfrauen Widewik und Hämarik und den schlanken Jüngling Koit. Die verrichteten Altvaters Arbeiten und führten seinen Haushalt. Einst kam Widewik, die älteste, beim Untergang der Sonne mit den Zugstieren vom Brachfeld heim, woselbst sie geackert hatte, und führte die Thiere an den Fluß zur Tränke. Wie sich aber die Mädchen allerwegen zuerst um ihr glattes Gesicht sorgen, also war es auch bei der reizenden Widewik Brauch und Regel. Sie hatte nicht weiter Acht auf die Stiere, trat an's Wasser und schaute hinein. Sieh, da blinkten ihr aus des Bächleins Silberspiegel die braunen Augen mit den rothen Wangen so lieblich entgegen, daß ihr das Herz vor Freuden höher schlug. Der Mond aber, der auf Altvaters Geheiß und Ordnung an Stelle der heimgegangenen Sonne die Welt erleuchten sollte, vergaß seines Amtes ehrbar zu warten und eilte liebeverlangend zur Erde hinab in das Bett des Bächleins. Mund an Mund, Lippe an Lippe, so weilte nun da der Mond bei Widewik.

Derweil aber versäumte der Mond alle seine Pflichten, sein Licht erlosch und tiefe Finsterniß deckte das Land, während er an Widewik's Herzen weilte. Da geschah nun ein großes Unglück. Das wilde Waldthier, der Wolf, der unterdessen nach seinem Begehr schalten konnte, da ihn Niemand sah, fiel über einen von Widewik's Stieren her und zerriß ihn. Wohl sang da die Nachtigall und ließ ihr holdes Lied durch den dunklen Hain hin-

schallen: „Faule Maid, faule Maid! lang ift die Nacht! Schwarz=
streifiger, in die Furche, in die Furche! Bring die Peitsche,
bring die Peitsche! schwipp, schwipp, schwipp!“ [2]) Aber Wide=
wik vernahm es nicht. Sie hatte Alles vergessen außer ihrer Liebe.

Früh morgens, als Koit von seinem Lager aufsprang, da
erwachte Widewik endlich aus ihrem Liebestraum. Als sie nun
des Wolfes böse That ersah, begann sie gar bitterlich zu weinen.
Aber die Thränen ihrer Unschuld blieben vor Altvater nicht ver=
borgen. Er kam herab aus seinem Himmel, um den Uebelthäter
zu strafen und den Verächter der Ordnung unter das Gesetz zu
beugen. Hart strafte er den Wolf und spannte ihn hoch am
Himmel neben dem Stier in's Joch [3]), damit er allda, getrieben
von der eisernen Ruthe des Polarsternes, in Ewigkeit Wasser
schleppe. Zu Widewik aber sprach er: Da der Mond mit dem
Licht seiner Schönheit Dich berückt und um Dich gefreit hat, so
will ich Dir vergeben. Und wenn Du ihn von Herzen liebst,
so will ich Euch nicht hindern und Ihr sollt Gatten sein. Von
Dir, Widewik, verlange ich aber treuliche Acht und Wache, daß
der Mond zur rechten Zeit seinen Lauf beginne, damit nicht wieder
nächtliche Finsterniß tief die Erde bedrücke und die Bösen schalten
könnten nach ihrem Gefallen. Herrschet über die Nacht und traget
Sorge dafür, daß in ihrem Schoße glücklicher Frieden weile!

So erhielt der Mond Widewik zum Weibe. Noch heute
lächelt ihr freundliches Antlitz auf uns nieder und schaut hinab
auf den Spiegel des Baches, wo sie zum ersten Male die Liebe
ihres Verlobten kostete.

Darauf beschied Altvater Koit und Hämarik vor sein An=
gesicht und sprach: Auf daß nicht abermals eine Unachtsamkeit sich
begebe mit dem Licht der Welt, und die Finsterniß nicht überhand
nehme, so will ich zwei Herrscher setzen, auf deren Weisung Alles
seinen Lauf nehme. Der Mond und Widewik sollen zu ihrer

Zeit die Nächte erleuchten mit ihrem Schein. Koit und Hä=
marik! Eurer Weisung und Waltung traue ich aber das Licht
der Tage unter dem Himmelszelt an. Wartet Eures Amtes mit
Eifer! Unter Deine Hut, Töchterchen Hämarik, gebe ich die
sinkende Sonne. Empfange sie am Himmelsrande und lösch' ihr
jeden Abend alle Feuerfünkchen achtsam aus, damit kein Schaden
geschieht, und geleite sie beim Untergange. Koit, mein flinker
Sohn, Deine Sorge sei es, die Sonne aus Hämarik's Händen
zu empfangen, wenn sie ihren Lauf beginnen will, und neues
Licht zu entflammen, damit nie ein Mangel sei an Licht!

Die beiden Diener der Sonne führten nun ihr Amt mit
Eifer, also daß an keinem Tage die Sonne fehlte unter dem
Himmel. Da begannen die kurzen Sommernächte, wo Koit und
Hämarik eins dem andern die Hand reicht, wo ihre Herzen er=
beben und ihre Lippen sich im Kuß berühren, wo die Vöglein
im Walde, jedes nach seiner Zunge, helle Lieder erschallen lassen,
wo die Blumen blühen, die Bäume fröhlich gedeihen und die
ganze Welt Wonne fühlt.[4]) In dieser Zeit kam Altvater von
seinem goldenen Thron zur Erde nieder, um das Jubelfest des
Lijou zu feiern. Da er nun alle Werke und Verwaltungen in
guter Ordnung fand, freute er sich seiner Schöpfung und sprach
zu Koit und Hämarik: Ich bin auch mit Eurer Aufführung
zufrieden; darum wünsche ich Euch ein dauerndes Glück. So
seid denn von nun an Mann und Weib! — Da riefen aber die
Beiden wie aus einem Munde: Vater, laß uns unsere Wonne
ungetrübt! Wir sind zufrieden mit unserem Stande und wollen
Braut und Bräutigam bleiben, denn in diesem Stande haben
wir ein Glück gefunden, das immer jung und neu bleibt!

Da ließ ihnen Altvater ihren Willen und kehrte wieder zurück
in seinen goldenen Himmel.

2. Des Sängergottes letzter Abschied.

Auf dem Berge Taara's[1]) kamen alle lebenden Wesen um Wanemuine[2]) zusammen und erhielt ein jedes seine Sprache, darnach, wie es den Gesang des Gottes verstehen und behalten konnte. Der holde Embach hatte sich das Rauschen seiner Gewänder zur Rede erwählt, die Bäume im Hain aber das Brausen seiner Gewänder, als der Gott nieder zur Erde kam. Darum nehmen wir im Walde und am Ufer des murmelnden Bächleins Wanemuine's Nähe am innigsten wahr, und fühlen uns vom Geiste seiner Lieder erfüllt. — Die lautesten Töne merkte sich der Wind, einigen Geschöpfen behagte das Knarren der Wirbel an des Gottes Harfe, anderen der Klang der schwingenden Saiten. Den Singvöglein schienen aber die göttlichen Lieder und Weisen das schönste zu sein, zumal der Nachtigall und der Lerche. Schlimm erging es den Fischen. Die steckten die Köpfe bis zu den Augen aus dem Wasser, die Ohren aber behielten sie darin. So sahen sie denn wohl, wie Wanemuine seine Lippen bewegte und thaten es ihm nach, aber sie blieben stumm. Nur der Mensch allein lernte alle Töne kennen und begriff Alles, darum dringt auch sein Lied am tiefsten in die Seele und schwingt sich empor zu dem Sitz Altvaters.

Und Wanemuine sang von der Größe des Himmels und von der Erde Schönheit, von den Uferhügeln des Embach und ihrer Pracht, vom Glück und Unglück der Menschenkinder. Und da ward sein Lied so wehmüthig, daß er selbst bitterlich zu weinen begann und die rollenden Thränen ihm durch sein sechs-faches Gewand und das siebenfache Hemd drangen. Dann erhob er sich wieder auf Flügeln des Windes und ging in Altvaters Wohnung, vor ihm zu singen und zu spielen.

Lange klang dieser göttliche Gesang im Munde der estnischen Söhne und Töchter. Wandelten sie unter dem Laubdach des

heiligen Haines, so verstanden sie das sanfte Rauschen der Bäume
und des Bächleins Plätschern erfüllte sie mit frohem Muth.
Das Lied der Nachtigall schmolz ihre Herzen und die Weisen
der Lerche lenkten ihren Sinn hinauf zu den Hallen Altvaters.
Dann schien es ihnen, als wandelte Wanemuine selbst mit
seiner Harfe durch die Schöpfung. Und das that er auch, und
so oft vom ganzen Lande die Sänger zusammenkamen zum Wett=
gesang, war Wanemuine immer unter ihnen, wenngleich sie ihn
nicht erkannten, und entfachte immer von Neuem in ihrem Busen
das echte Feuer des Gesanges.

Nun geschah es einst bei einem solchen Fest, daß unter die
Sänger ein fremdes altes Mädchen trat. Sein Gesicht war voll
Runzeln, sein Kinn zitterte und den einen Fuß stützte es auf die
Krücke. Mit schnarrender Stimme begann die Alte ihr Lied.
Sie sang von ihrer schönen Jugend, den herrlichen Tagen im
Elternhause, von dem armseligen Wesen dieser Zeit, da alle Lust
verschwunden wäre. Auch von ihren Freiern sang sie, die in
Scharen gekommen und um sie geworben, und wie sie Alle
heimgeschickt hätte. So schloß sie auch ihr Lied mit diesen Worten:

> „Sulew's Sohn kam her von Süden,
> Weither Kalew's Sohn gegangen;
> Sulew's Sohn bot mir die Lippen,
> Kalew's Sohn die Hand zum Bunde.
> Doch ich schlug den Sohn des Sulew,
> Trotzig auch den Sohn des Kalew,
> Ich, die schöne Akki=Jungfrau!"

Kaum hatte die Alte geendet, da erhob sich im Volk ein so
lautes Gelächter, daß es weithin über die Fläche scholl und der
Hain lärmend widerhallte. Spottend sang das Volk der Hexe
die letzten Worte nach und sein Gelächter wollte kein Ende

nehmen, bis der Fest=Aelteste mit Tadel und Verbot die Leute
hemmte. Still ward Alles rings umher. Nun begann hoch
auf geschmücktem Sitz ein Greis den herrlichsten Wettgesang, daß
davon alle Umstehenden eine selige Freude fühlten. Da vernahm
man plötzlich hinter ihm eine Stimme, die das Lied der Hexe
von Neuem anstimmte. Wieder erhob sich Lachen und lief weit
durch die Reihen hin. Stille gebot der Aelteste mit hartem
Wort und Stille auch diejenigen, die um den Greis versammelt
sein Lied vernommen hatten. Da ward es denn wieder ruhig
im Volk.

Und der Greis auf seinem Sängerthrone hub von Neuem
sein Lied an und unter Wonneschauern lauschten sie ihm. Das
war ein echtes Lied, denn gewaltig zog es ein in alle Herzen
und erweckte jeden edleren Sinn zu himmlischen Gedanken.
Wieder aber ward eine Stimme in der Menge laut, die den
häßlichen Spruch der Alten begann und wieder erklang schallen=
des Gelächter in der Versammlung. Da ergrimmte der Greis
auf seinem Thron, blickte noch einmal zürnend hinab auf die
thörichte Menge und verschwand alsobald vor ihren Augen. Nur
ein mächtiges Rauschen und Klingen ward noch vernommen, daß
Alle erbebten und ihr Blut in Schrecken erstarrte. Wer war
der greise Sänger? War es nicht Wanemuine selbst? Wohin
entschwand er? — So redeten und fragten sie untereinander.
Aber der Sänger blieb verschwunden und Niemand hat ihn je
wiedergesehen.

Das war Wanemuine's letzter Abschied von den estnischen
Söhnen. Nur wenigen Sängern wird heute noch das Glück zu
Theil, weit aus hoher Ferne sein Lied und Spiel zu vernehmen,
und nur solche Dichter vermögen ihre Brüder mit der göttlichen
Stimme des Liedes zu erwecken.

3. Die Nordlichtgeister.[1]

Ein Edelmann pflegte in strengen Wintern an jedem Donners= tage, sobald die Nacht anbrach, von Hofe zu fahren und erst gegen Morgen heimzukehren. Er hatte aber allen seinen Leuten hart angesagt, daß ihn Niemand begleite oder ihn bei seiner Rückkehr empfange. Er selbst spannte das Roß vor den Schlitten und spannte es auch wieder aus. Roß und Geschirr durften aber vor Niemandes Augen kommen und er bedrohte Jeden mit dem Tode, der es wagen sollte, abends in seinen geheimen Stall zu dringen. Tags über trug er den Stallschlüssel in seinem Busen und nachts verwahrte er ihn unter seinem Kissen.

Aber der Kutscher des Edelmanns kümmerte sich nicht um seines Gebieters strengen Befehl, denn er mochte gar zu gern erfahren, wohin des Herren Fahrt an jedem Donnerstage ginge, und wie doch Roß und Geschirr beschaffen wären. Daher mußte der Wagehals es so einzurichten, daß er an einem Donnerstage bei Zeiten in den Stall gelangte, wo er sich bei der Thür in einem finsteren Winkel verbarg.

Es währte nicht lange, da kam auch schon der Herr und öffnete die Thür. Auf einmal ward es in dem großen Stalle so hell, als wären viele Kerzen angezündet worden. Der Kutscher zog sich in seiner Ecke wie ein Igel zusammen, denn hätte ihn der Herr erblickt, so wäre ihm unfehlbar die angedrohte Strafe zu Theil geworden.

Jetzt stieß der Herr den Schlitten hervor und der erglänzte gleich einer Feueresse.

Während aber der Edelmann an das Roß heranging, schlüpfte der Kutscher unter den Schlitten.

Der Edelmann schirrte nun das Pferd an und warf Decken

über das Thier und den Schlitten, damit die Leute auf dem Hof
von dem wunderbaren Glanze nichts merkten.

Der Kutscher kroch leise unter dem Schlitten hervor und ver=
barg sich hinten auf den Schlittensohlen, wo ihn auch der Herr
zum Glück nicht bemerkte.

Als Alles fertig war, sprang der Herr in den Schlitten und
fort ging es, daß die Sohlen des Schlittens tönten, — immer
weiter hinauf gegen Norden.

Nach etlichen Stunden nahm der Kutscher wahr, daß die Decken
von Roß und Schlitten verschwunden waren und daß Roß und
Geschirr wieder wie im Feuer strahlten.

Jetzt bemerkte er auch, wie von allen Seiten Herren und
Frauen mit gleichen Schlitten und Rossen näher jagten. Das
war ein Sausen und Brausen! Die Fahrer rannten durch und
an einander vorüber, als gelte es die höchste Wette, oder als
wären sie auf einer Hochzeitsfahrt. Endlich begriff der Kutscher,
daß die Fahrt hoch über die Wolken führte, die wie glatte Seen
unter ihnen erglänzten.

Nach einer Weile verloren sich die Renner mehr und mehr
und des Kutschers Herr sagte zu seinem Nachbar: Bruder, die
anderen Nordlichtgeister scheiden! So laß auch uns gehen!

Und so stürmten Herr und Kutscher wieder heimwärts. An=
deren Tages sprachen die Leute, sie hätten noch nie ein so starkes
Nordlicht erlebt, wie in der vorigen Nacht.

Der Kutscher aber hielt reinen Mund und vertraute Niemandem
etwas von seiner nächtlichen Fahrt. Als er aber alt und grau
geworden, hat er die Geschichte doch seinem Enkel erzählt und so
ist sie unter die Leute gekommen. Und noch heute soll es solche
Nordlichtgeister geben und wenn im Winter das Nordlicht über
den Himmel flammt, dann halten sie da oben Hochzeit.

4. Der Sohn des Donnerers.[1]

Der Sohn des Donnerers hatte mit dem Teufel einen Pact auf sieben Jahre geschlossen, wonach der Teufel ihm als Knecht dienen und in allen Stücken seines Herren Willen unweigerlich erfüllen sollte. Für treue Dienste gelobte ihm der Sohn des Donnerers seine Seele zum Lohn. Der Teufel that seine Pflicht und Schuldigkeit gegen seinen Herrn und scheute weder die schwerste Arbeit, noch murrte er über schmale Kost, denn er wußte wohl, welchen Lohn er nach sieben Jahren von Rechts= wegen erhalten mußte. Nun waren sechs Jahre hin und das siebente hatte schon begonnen, aber der Sohn des Donnerers spürte gar keine Lust, seine Seele dem Bösen so wohlfeilen Kaufes anheim zu geben. Darum hoffte er mit einer List den Klauen des Feindes zu entrinnen. Schon beim Abschluß des Vertrages hatte er dem Teufel einen Streich gespielt, da er ihm zur Be= siegelung des Handels Hahnenblut[2] für sein eigenes gegeben, aber des Teufels blödes Auge hatte den Betrug nicht gemerkt. So war das stärkste Band zu nichte gegangen, womit seine Seele unauflöslich gefesselt werden sollte. Obgleich nun das Ende der Dienstzeit mit jedem Tage immer näher rückte, hatte der Sohn des Donners noch keinen Anschlag ersonnen, um seine Freiheit zu gewinnen. Nun traf es sich, daß an einem heißen Tage eine schwarze Wetterwolke von Mittag aufzog und ein schweres Gewitter verkündete. Sogleich verkroch sich der Teufel unter die Erde in einen Schlupfwinkel, wohin ein unterirdischer Gang führte, den er sich zu diesem Bedarf unter dem Felsen gegraben. Komm, Brüderchen, leiste mir Gesellschaft, bis das Unwetter sich verzieht! bat der Teufel mit honigsüßer Zunge seinen Herrn. — Was versprichst Du mir dafür, wenn ich Deiner Bitte willfahre? frug des Donnerers Sohn. Der Teufel versprach

den Handel unter der Erde abzumachen, denn da oben könnten
sie nicht mehr mit einander feilschen, wo die Wolke jeden Augen=
blick ihnen auf den Hals zu kommen drohe. Der Sohn des
Donnerers dachte: heute hat die Furcht den Bösen ganz mürbe
gemacht: wer weiß, ob es mir vielleicht nicht glückt, mich aus
seinen Klauen loszumachen! In diesen Gedanken ging er mit ihm
in die Höhle. Das heftige Unwetter hielt diesmal lange an, Schlag
dröhnte auf Schlag, daß die Erde erbebte und die Felsen zitterten.
Bei jeder Erschütterung preßte der Teufel beide Fäuste gegen die
Ohren und kniff die Augen zu; kalter Schweiß bedeckte seine
zitternden Glieder, so daß er kein Wort hervorbringen konnte.
Gegen Abend, als das Gewitter sich verzogen hatte, sprach er
zum Sohn des Donnerers: Wenn nur Altvater von Zeit zu Zeit
nicht ein so gräßliches Getöse und Gerassel machte, so käme ich
ja recht gut mit ihm zurecht und könnte ruhig leben, da mir
seine Pfeile unter der Erde nichts anhaben können. Aber sein
schreckliches Poltern greift mich so an, daß ich gleich von Sinnen
komme und nicht mehr weiß, was ich thue. Großen Lohn böte
ich dem, der mich aus dieser Drangsal erlöste! — Des Donne=
rers Sohn antwortete: Da giebt's keinen besseren Rath, als das
Donnerzeug dem Altvater heimlich zu entwenden! — Würd' es
schon stehlen, sprach der Teufel, wenn es nur möglich schiene!
Aber der alte Köu hält ohne Unterlaß Wache und hütet sein
Donnerzeug Tag und Nacht. Wie könnte da der Diebstahl ge=
lingen? — Der Sohn des Donnerers hub nun an und sagte
des Weiteren her, wie nach seiner Meinung die Sache wohl
glücken müßte. Ja, wenn Du mir helfen wolltest, rief der Teufel,
so möchten unsere Anschläge freilich gedeihen, aber ich allein
werde nimmer damit zurecht kommen! — Der Sohn des Don=
nerers versprach nun des Teufels Beistand zu sein, begehrte aber
für seine Mühe keinen geringeren Lohn, als daß der Teufel von

dem Handel um seine Seele zurücktreten solle. Meinetwegen nimm drei Seelen, wenn Du mich nur von dieser schrecklichen Angst befreist! rief der Teufel voller Freuden. Nun offenbarte ihm des Donnerers Sohn, in welcher Weise er den Diebstahl für möglich halte, wenn sie Beide einträchtig und mit vereinten Kräften an's Werk gingen. Aber, sagte er zum Schluß, wir müssen so lange warten, bis Altvater eines Tages wieder einmal sich so müde macht, daß er in tiefen Schlaf fällt; denn gewöhnlich schläft er wie der Hase mit offenen Augen!

Einige Zeit nach dieser Berathung der Männer zog ein langes und heftiges Gewitter auf. Der Teufel hockte mit dem Sohn des Donnerers wieder unter dem Fels versteckt in seinem Schlupf= winkel. Vor Angst waren dem Alten die Ohren so fest zugefallen, daß er nicht ein Wort von der Rede seines Gefährten vernahm. Am Abend aber stiegen Beide auf einen hohen Berg, wo der Teufel des Donnerers Sohn auf seine Schultern hob und sich selbst durch Zauberkraft immer höher zu strecken begann, wobei er sang:

Rüstig, Bruder, recke dich,
Hals und Schulter, strecke dich!

So wuchs er bald bis an den Kreis der Wolken. Als der Sohn des Donnerers über den Wolkenrand guckte, sah er Vater Kõu friedlich schlafen, sein Haupt auf das Wolkenkissen gestützt, die Rechte aber breit über das Donnerzeug gestreckt. So wäre also der Diebstahl nicht möglich gewesen, denn hätten sie seine Hand berührt, so wäre der Schläfer erwacht. Der Sohn des Donnerers kletterte aber von des Teufels Schulter auf die Wolke herab, schlich wie ein Kätzchen näher und probirte es mit einer List. Er suchte ein Thierchen hinter seinem Ohr hervor und setzte es dem Vater Kõu auf die Nase, damit es ihn kitzele. Sogleich begann der Alte mit der Rechten seine Nase zu kratzen. Da raffte des Donnerers Sohn das Donnerzeug im Nu

von seiner Seite und sprang vom Wolkenrande zurück auf den
Nacken des Teufels, der mit ihm den Berg hinunter rannte, als
brenne ihm Feuer auf der Ferse. Und nicht eher machte er
Halt, noch fand er Zeit sich umzusehen, als bis er in der Hölle
angelangt war. Hier verbarg er das Diebsgut in einer eisernen
Kammer hinter sieben Schlössern, dankte dem Sohn des Donnerers
für die treffliche Hilfe und gab ihn mit sammt seiner Seele frei.

Jetzt aber brach über die Welt und die Menschen ein Unglück herein, das der Sohn des Donnerers nicht vorauszusehen
vermocht. Die Wolken spendeten kein Tröpfchen Regen mehr
und Alles verdorrte im Sonnenbrande. — Habe ich in meinem
Leichtsinn dies ungeahnte Elend über das Volk gebracht, so muß ich
suchen die Sache wieder gut zu machen, wie es eben geht! dachte
der Sohn des Donnerers und begann Rath zu halten, wie er
das Unglück abwende. Da zog er gen Finnland hinauf nach
dem Norden, wo ein berühmter Schwarzkünstler lebte, offenbarte
dem die Geschichte von dem Diebstahl und gab auch an, wo das
Donnerzeug gegenwärtig versteckt läge. Der Schwarzkünstler
sprach: Sogleich muß dem Vater Kõu Kunde werden, wo sein
Donnerzeug gefangen liegt, so wird er des Weiteren wohl schon
selber Mittel und Wege finden, sein verlorenes Eigenthum wieder-
zuerlangen. — Darauf sandte er mit dem Aar des Nordens[3]
dem alten Wolkenvater Botschaft. Schon am folgenden Morgen
erschien Kõu und dankte dem Schwarzkünstler, der ihm auf die
Spur des Diebes geholfen. Dann verwandelte er sich in
einen kleinen Knaben, ging hin zu einem Fischer und verdang
sich bei ihm als Knecht für den Sommer, denn er wußte wohl,
daß der Teufel zum öfteren an den See kam, um Fische zu er-
wischen, und hoffte ihn da zu ertappen.

Obgleich nun der Knabe Piker bei Tag und Nacht unermüdlich die Netze im Auge behielt, ging doch eine Weile darüber

hin, bevor er des Feindes ansichtig ward. Der Fischer hatte
zwar längst schon bemerkt, wie die Netze, die sie zur Nacht aus=
warfen, oftmals am Morgen leer heraufgewunden waren, wußte
aber nicht, was schuld daran sei. Der Knabe kannte den Fisch=
dieb besser, doch mochte er nicht eher davon reden, als bis er
seinem Herrn den Dieb auch zeigen konnte.

Da geschah es in einer mondhellen Nacht, als er mit seinem
Herrn an den See kam, um nach den Netzen zu schauen, daß
sie den Dieb gerade am Werke trafen. Als sie über den Kahn
in die Tiefe spähten, nahmen Beide wahr, wie der Teufel die
Fische aus den Maschen pflückte und sie in seinen Schnappsack
stopfte. Des andern Tages ging der Fischer einen berühmten
Schwarzkünstler um Beistand an und bat ihn, es so einzurichten,
daß der Dieb an das Netz gebannt werde und nicht anders los
käme, als wenn es der Fischer wollte. Alles geschah auch ganz
nach des Fischers Wunsch. Als sie am folgenden Tage das
Netz aus dem See wanden, stieg auch der Böse mit an die
Oberfläche und ward an's Ufer geschleppt. O weh! wie bläuten
sie ihm da das Fell, der Fischer und sein Knabe! Da er aber
ohne Hilfe des Zauberers aus dem Netz nicht entrinnen konnte,
so mußte er die Schläge hinnehmen, wobei die Fischer wohl ein
Fuder Prügel auf seinem Leibe zerschlugen und sich nicht darum
sorgten, wohin die Schläge fielen. Schon war des Teufels
blutiger Kopf klotzig aufgeschwollen, die Augen wollten ihm aus=
treten — ein gräßlicher Anblick! — aber der Fischer und sein
Knabe fühlten kein Erbarmen mit dem gemarterten armen Teufel,
verschnauften von Zeit zu Zeit ein Weniges und schlugen dann
von Neuem auf ihn los. Als all' sein klägliches Flehen nichts
fruchtete, bot der Böse endlich ein reiches Lösegeld und versprach
dem Fischer die Hälfte von seinem Hab und Gut oder gar noch
mehr, wenn er ihn aus seinen Banden befreite. Der erboste Fischer

mochte aber von dem Handel nicht eher etwas wissen, als bis ihm
der Athem ausgegangen war und er den Prügel nicht mehr rühren
konnte. Als der Handel endlich geschlossen war, befreiten sie ihn mit
Hilfe des Zauberers aus dem Netz und der Böse bat den Fischer und
seinen Knaben mit ihm zu kommen, um das Lösegeld zu holen.
Vielleicht hoffte er im Stillen, sie mit irgend einer List zu betrügen.

Auf dem Höllenhof ward den Gästen ein prächtiges und
langes Fest bereitet, das über eine Woche dauerte und wo es
an nichts mangelte. Der Höllenwirth zeigte den Gästen seine
Schatzkammern und geheimnißvollen Geräthe und ließ zur Er-
götzung des Fischers von seinen Spielleuten die schönsten Weisen
aufspielen. Eines Morgens sprach der Knabe Piker heimlich
zum Fischer: Wenn er Dir heute wieder reiche Ehren und Freuden
bereitet, so bitte Dir aus, daß man die Sackpfeife hervorhole,
die in der Eisenkammer hinter sieben Schlössern liegt! — Bei
Tisch, als die Männer schon halb berauscht waren, verlangte der
Fischer nach der Sackpfeife in der Eisenkammer. Der Teufel
erfüllte sein Begehren, trug die Sackpfeife herbei und begann selbst
darauf zu spielen. Wie er aber auch aus Leibeskräften den Athem
hineinblies und die Finger am Rohr rührte, so kam doch kein
besserer Ton aus der Pfeife, als von einer Katze, der man in
den Schwanz gekniffen, oder von einem Ferkel, das auf der
Wolfsjagd quiekt. Lachend sprach der Fischer: Quält Euch nicht
vergeblich ab! ich sehe schon, aus Euch wird doch kein Spiel-
mann! Mein Hirtenbube würde es geschickter machen! — Oho,
rief der Teufel! meint Ihr, das da mit der Sackpfeife wäre ein
Spiel auf der Weidenflöte und gar so spottleicht? Komm,
Freundchen, und probire es nur erst, und wenn Du oder Dein
Bube etwas wie einen Ton auf der Pfeife blaset, so will ich
nicht länger der Höllenwirth heißen! Da nimm und versuch's!
rief er aus und reichte dem Knaben die Pfeife hin. Der Knabe

Piker ergriff sie, aber wie er die Lippen an's Rohr setzte und hineinblies, da erbebten die Mauern der Hölle, der Teufel mit seinem Volk stürzten betäubt zu Boden und schienen in ihrer Ohnmacht Alle wie todt dazuliegen. Plötzlich stand an Stelle des Knaben der alte Donnergott selbst neben dem Fischer, dankte ihm für seine Hilfe und sprach: In Zukunft, wenn meine Pfeife wieder aus den Wolken schallt, soll Deinen Netzen reiche Gabe bescheert sein! — Dann machte er sich eilig auf den Heimweg.

Unterwegs begegnete ihm der Donnersohn, fiel nieder auf seine Kniee, bereute seine Schuld und bat demüthig um Vergebung. Vater Kõu sprach: Der Menschen unbedachtes Wesen irrt oft wider die Weisheit des Himmels. Darum danke Deinem Glücke, Söhnchen, daß ich wieder Macht habe, die Spuren der Noth zu tilgen, die Deine Thorheit über das Volk gebracht! — Mit diesen Worten setzte er sich auf einen Stein und begann die Donnerpfeife zu blasen, bis die Thore des Regens sich aufthaten und mit träufelndem Naß die Erde tränkten. Den Donnersohn nahm aber Vater Kõu zu sich als Knecht, wo er noch eben leben soll.

---·---

5. Die Milchstraße.[1]

Bald nach Erschaffung der Welt schuf Altvater eine schöne Jungfrau und übergab ihrer Obhut alle Vögel unter dem Himmel. Das war Lindu, die liebliche Tochter Uko's, die allen Wander= vögeln den Weg wies, wenn sie im Frühling kamen und im Herbst davonzogen, und Jedem seinen Wohnsitz bestimmte. Wie eine Mutter für ihre Kinder, so sorgte sie sanften und zärtlichen Herzens für ihre Vögel und lieh ihnen Beistand, wo sie es nur vermochte. Und wie eine Blume im Morgensonnenschein unter

tausend Thautropfen lächelt und leuchtet, so lieblich strahlte
Lindu in ihrer mütterlichen Pflege und Sorge.

Da war es kein Wunder, daß alle Welt nach ihr hinsah
und die Liebliche lieb gewann. Jeder wünschte sich die sorgsame
Jungfrau zum Weibe und in Scharen kamen die Freier herangezogen [2]). In stolzer Kutsche mit sechs Braunen fuhr der Nordstern vor und brachte zehn Geschenke mit. Aber Lindu gab
dem Nordstern schlimmen Bescheid: Du mußt immer auf Deinem
Platze bleiben und kannst Dich nicht rühren! sagte sie.

Dann kam der Mond in silberner Kutsche mit zehn Braunen
und brachte zwanzig Geschenke mit. Aber Lindu wies auch
den Mond ab. Du bist mir gar zu veränderlich und läufst doch
immer Deinen alten Weg, sprach sie, darum taugst Du nicht
für mich!

Kaum war der Mond betrübt davongefahren, da kam die
Sonne herangezogen. In goldener Kutsche mit zwanzig Gold-
füchsen rasselte sie vor die Thür der Jungfrau und brachte dreißig
Geschenke mit. Aber all' ihre Hoheit und Pracht und die reichen
Gaben halfen ihr nichts. Lindu sprach: Ich mag Dich nicht.
Du mußt wie der Mond Tag um Tag ewig dieselbe Straße
ziehen!

Endlich kam von Mitternacht in demantner Kutsche mit tausend Schimmeln das Nordlicht heran. Seine Ankunft war so
prächtig, daß Lindu ihm bis an's Thor entgegenging, um ihn
zu empfangen. Eine ganze Kutsche voll Gold und Silber,
Perlen und Geschmeide trugen die Knechte des Nordlichtes der
Jungfrau in's Haus. Und sieh, der Bräutigam und seine Geschenke waren Lindu so nach dem Sinn, daß sie sich ihm an-
verlobte. Sie sprach: Du wandelst nicht ewig den nämlichen
Weg, wie die Anderen. Du machst Dich auf, wann Du willst
und ruhest, wann es Dir gefällt. Jedesmal erscheinst Du in neuer

Pracht und Herrlichkeit, trägst jedesmal ein anderes Gewand, fährst jedesmal in neuer Kutsche mit neuen Rossen. Du bist der rechte Bräutigam, den man mit Freuden empfangen kann!

Nun feierten sie glanzvoll das Fest ihrer Verlobung. Aber Sonne, Mond und Polarstern sahen traurig zu und beneideten das Nordlicht um sein Glück.

Lange konnte das Nordlicht nicht weilen im Hause der Braut, denn es mußte gleich wieder hinauf gen Mitternacht ziehen. Vor seinem Abschied versprach aber der Bräutigam bald zur Hochzeit zurückzukehren und die Jungfrau nach Norden in seine Heimath zu führen. Inzwischen möge sie für den Brautschmuck sorgen und Alles auf die Hochzeit herrichten.

Nun wartete Lindu und war geschäftig sich zu schmücken und bereit zu halten. So ging ein Tag hin nach dem anderen, aber der Bräutigam kam nicht nach seiner Geliebten, um fröhliche Hochzeit mit ihr zu halten. Der Winter zog vorüber und der warme Frühling schmückte die Erde mit neuer Pracht. Dann kam der Sommer, aber Lindu wartete noch immer vergebens auf den Bräutigam. Nichts war von ihm zu sehen.

Da begann sie bitterlich zu klagen und grämte sich Tag und Nacht. Im bräutlichen Schmuck und weißen Schleier mit dem Kranz auf dem Kopf saß sie da auf den Wiesen am Flusse und von ihren tausend Thränen rannen die kleinen Bäche in's Thal. In ihrem tiefen Herzeleid mochte sie an nichts Anderes, als an ihren Bräutigam denken. Nicht gab sie auf die Vöglein Acht, die ihr um Haupt und Schultern flogen und mit lieblichen Weisen ihr Herz zu trösten suchten, noch kam es ihr in den Sinn, die Wandernden in's fremde Land zu geleiten und für ihre Pflege und Nahrung zu sorgen. So irrten sie umher, flogen von Ort zu Ort und wußten nicht, was sie thun und wo sie bleiben sollten.

Endlich drang die Kunde von der Jungfrau Kummer und der Noth der Vögel vor Altvaters Ohren. Da beschloß er in seinem Herzen Beiden zu helfen und befahl den Winden, seine Tochter aus dem Elend der Welt zu ihm hinaufzutragen. Als nun Lindu einsam auf der Flur klagte und weinte, sanken die Winde sachte vor sie hin, hoben sie unvermerkt empor, daß sie es selbst nicht wahrnahm, und trugen sie zum Himmel auf, wo sie die Jungfrau auf das blaue Gewölbe niederlegten.

Da oben am himmlischen Zelt weilt Lindu noch heute. Ihr weißer Brautschleier breitet sich aus von Himmel zu Himmel, und wer das Auge hinauf zur Milchstraße wendet, der erblickt die Jungfrau in ihrem hochzeitlichen Schmuck. Hier weiset sie noch jetzt den Vögeln den Weg ihrer langen Wanderschaft. Von hier schaut sie weit gen Mitternacht zum anderen Ende des Himmels nach dem Nordlicht aus und bietet ihm die Hand zum Gruß. Dann hat sie ihr Leid vergessen und das einstige selige Leben erwacht wieder in ihrem Herzen. Und naht der Winter heran, so sieht sie mit Freuden das Nordlicht zu sich als Gast kommen und nach der Braut fragen. Oft fährt es hoch hinauf zu ihr und Herz am Herzen erneuern sie den Schwur ihrer Liebe. Aber Hochzeit können sie nicht halten. Altvater hat die Jung= frau mit ihrem Schmuck und Schleier stark an dem Himmel befestigt und der Bräutigam kann seine Liebste nicht hinwegführen von ihrem Sitz. So hat es Altvater in seiner Weisheit be= schlossen und so ist also die Milchstraße entstanden.

6. Die Jungfrau von der Waskiala-Brücke.

Vorzeiten ging an einem lieblichen stillen Sommerabend eine fromme Jungfrau zur Waskiala-Brücke [1]) hin, um im Fluß zu baden und sich zu erfrischen nach des Tages Hitze. Der Himmel war heiter, lind die Luft und aus dem nahen Erlenhain erklang das Lied der Nachtigall. Der Mond stieg auf am himmlischen Zelt und schaute freundlichen Auges hinab auf den Kranz des Mädchens, sein goldig blondes Haar und auf die rothen Wangen. Der Jungfrau Herz war rein, unschuldig, keusch und lauter wie das Wasser der Quelle, das klar ist bis auf den Grund. — Plötzlich fühlte sie ihr Herz höher schlagen und eine unbekannte Sehnsucht stieg in ihr auf, also daß sie ihr Auge nicht mehr vom Antlitz des Mondes zu wenden vermochte. Weil sie nun so fromm, keusch und unschuldig gewesen, hat der Mond sie lieb gewonnen und ihr geheimes Sehnen, ihres Herzens Wunsch erfüllen wollen. Die fromme Jungfrau hegte aber einen einzigen Wunsch im Herzen, den sie nicht zu offenbaren wagte, nicht den Mond zu bitten sich getraute, daß er ihn erfülle: aus dieser Welt zu scheiden und hoch unter dem Himmel ein ewiges Leben beim Monde zu führen. Aber der Mond erkannte auch die unausgesprochenen Gedanken ihres Herzens. —

Wieder war es ein lieblicher Abend, still und linde die Luft und im Erlenhain klang das Lied der Nachtigall durch die Nacht. Der Mond schaute bei der Waskiala-Brücke in die Tiefe auf den Grund des Flusses, aber nicht mehr allein wie ehedem. Mit ihm blickte der Jungfrau liebes Angesicht hinab durch die Wellen in die Tiefe und ist seitdem bis heute beim Monde sichtbar. [2]) Da oben am hohen Firmament lebt sie nun in Freud' und Fülle und möchte nur, daß auch andere Jungfrauen mit ihr solchen Glückes theilhaftig würden. Darum blickt ihr Auge

2*

in mondheller Nacht hoch von oben freundlich hernieder und
lockt die sterblichen Schwestern zu sich zu Gaste. Da aber keine
von ihnen so fromm, so keusch und unschuldig ist wie sie, so
kann auch keine zu ihr hinaufsteigen zum Monde. Betrübt
wendet dann wohl die Mondjungfrau bisweilen ihr Antlitz ab
und verhüllt es trauernd mit einem schwarzen Tuche. Doch ver-
liert sie darum nicht alle Hoffnung, — immer noch vertraut sie
darauf, daß einst in Zukunft eine von ihren irdischen Schwestern
so fromm erfunden werde, so keusch und schuldlos, daß der Mond
sie zu sich rufen könne zur Theilnahme an einem seligen Leben.
So neigt denn die Mondjungfrau von Zeit zu Zeit mit wachsender
Hoffnung ihr Angesicht freundlich lächelnd und unverhüllt zur
Erde hinab, wie an jenem glücklichen Abend, wo sie zum ersten
Mal hoch vom Himmel bei der Waskiala=Brücke in den Fluß
geschaut. Aber auch die besseren und verständigeren Erdentöchter
fallen in Irrthum und gerathen unversehens auf Abwege und ist
nicht eine unter ihnen so fromm, keusch und unschuldig, daß sie
des Mondes Gefährtin werden könnte. Das macht das Herz
der frommen Mondjungfrau von Neuem schwer, sie kehrt ihr
Angesicht von uns ab und verbirgt es wieder unter der schwarzen Decke.

7. Die Färber des Mondes.

Altvater hatte schon die ganze Welt erschaffen,[1]) aber noch
war sein Werk nicht so vollkommen, wie es wohl sein sollte.
Denn noch mangelte es der Welt an reichlichem Licht. Des
Tages wandelte die Sonne ihre Bahn am himmlischen Zelt, aber
wenn sie abends unterging, wenn Hämarik sie in die Dämmerung geleitete, sie allgemach verdunkelte und zu Rüste trug,

wenn dann Koit die Tagesleuchte aus Hämariks Hand noch
nicht empfangen, noch nicht auf's Neue entflammt und auf ihren
Weg gewiesen hatte, — so deckte tiefe Finsterniß Himmel und
Erde. Nicht leuchtete der Mond, noch schimmerten die Sterne.
Alles, was geschah, verbarg die Nacht in ihrem Schoße.

Gar bald ersah der Schöpfer diesen Mangel und gedachte
dem abzuhelfen. So gebot er denn dem Ilmarine²) dafür
Sorge zu tragen, daß es fortan auch in den Nächten auf Erden
hell sei. Ilmarine gehorchte dem Befehl, trat hin zu seiner
Esse, wo er vordem schon des Himmels Gewölbe geschmiedet,
nahm viel Silber und goß daraus eine gewaltige runde Kugel.
Die überzog er mit dickem Golde, setzte ein helles Feuer hinein
und hieß sie nun ihren Wandel beginnen am Himmelszelt.
Darauf schmiedete er unzählige Sterne, gab ihnen mit leichtem
Golde ein Ansehen und stellte jeden an seinen Platz im
Himmelsraum.

Da begann ein neues Leben auf der Erde. Kaum sank die
Sonne und war von Hämarik hinweggeführt, da stieg auch
schon am Himmelsrande der goldene Mond auf, zog seine blaue
Straße und erleuchtete das nächtliche Dunkel nicht anders als
die Sonne den Tag. Dazu blinkten neben ihm die unzähligen
Sterne und begleiteten ihn wie einen König, bis er endlich am
anderen Ende des Himmels anlangte. Dann gingen die Sterne
zur Ruhe, der Mond verließ das Himmelsgewölbe und von
Koit geführt trat die Sonne an seine Stelle, um dem Weltall
Licht zu spenden.

So leuchtete nun Tag und Nacht ein gleichmäßiges Licht
hoch von oben auf die Erde nieder. Denn des Mondes Ange=
sicht war ebenso klar und rein wie der Sonne Antlitz und nur
gleicher Wärme ermangelten seine Strahlen. Am Tage brannte
aber die Sonne oftmals so heiß, daß Niemand eine Arbeit ver=

richten mochte. Um so lieber schafften sie dann unter dem Schein des nächtlichen Himmelswächters und alle Menschen waren von Herzen froh über das Geschenk des Mondes.

Den Teufel aber ärgerte der Mond gar sehr, denn in seinem hellen Lichte konnte er nichts Böses mehr verüben.[3]) Zog er einmal auf Beute aus, so erkannte man ihn schon von fern und trieb ihn mit Schanden heim. So kam es, daß er sich in dieser Zeit nicht mehr als zwei Seelen erbeutet hatte.

Da saß er nun Tag und Nacht und sann, wie er's wohl angriffe, damit es ihm wieder glückte. Endlich rief er etliche Gesellen herbei, aber die wußten auch keinen Ausweg. So rathschlagten sie denn zu Dreien voll Eifer und Sorge, es wollte ihnen aber nichts einfallen. Am siebenten Tage hatten sie keinen Bissen mehr zu essen, saßen tief seufzend da, drückten den leeren Magen und zerbrachen sich die Köpfe mit Nachdenken. Und sieh, endlich kam dem Bösen selbst ein glücklicher Einfall.

Bursche! rief er aus, nun weiß ich, was wir thun! Wir müssen den Mond wieder fortschaffen, wenn wir uns retten wollen. Giebt es keinen Mond mehr am Himmel, so sind wir wieder Helden wie zuvor. Beim matten Sternenlicht können wir ja unbesorgt unsere großen Werke betreiben!

Sollen wir denn den Mond vom Himmel herunterholen? fragten ihn die Knechte.

Nein, sprach der Teufel, der sitzt zu fest daran, herunter bekommen wir ihn nicht! Wir müssen es besser machen. Und das Beste ist, wir nehmen Theer und schmieren ihn damit, bis er schwarz wird. Dann mag er am Himmel weiter laufen, das wird uns nicht verdrießen. So ist der Sieg unser und reiche Beute steht uns bevor!

Dem Höllenvolk gefiel der Rath des Alten wohl und wollten sich Alle sogleich an's Werk machen. Es war aber zu spät ge=

worden, denn der Mond neigte sich schon zum Niedergange und
die Sonne erhob ihr Angesicht. Den anderen Tag aber schafften
sie mit Eifer an ihrer Arbeit bis zum späten Abend. Der Böse
war ausgezogen und hatte eine Tonne Theer gestohlen, die trug
er nun in den Wald zu seinen Knechten. Indeß waren diese
geschäftig aus sieben Stücken eine lange Leiter zusammen zu
binden, und maß ein jedes Stück sieben Klafter. Darauf schafften
sie einen tüchtigen Eimer herbei und banden aus Lindenbast
einen Schmierwisch zusammen, den sie an einen langen Stiel steckten.

So erwarteten sie die Nacht. Als nun der Mond aufstieg,
warf sich der Böse die Leiter sammt der Tonne auf die Schulter
und hieß die beiden Knechte mit Eimer und Borstwisch folgen.
Als sie angekommen waren, füllten sie den Eimer mit Theer,
schütteten auch Asche hinzu und tauchten dann den Borstwisch
hinein. Im selben Augenblick lugte auch schon der Mond hinter
dem Walde hervor. Hastig richteten sie die Leiter auf, der
Alte aber gab dem einen Knechte den Eimer in die Hand und
hieß ihn hurtig hinaufsteigen, indeß der andere unten die Leiter
stützen sollte.

So hielten sie nun unten Beide die Leiter, der Alte und sein
Knecht. Der Knecht aber vermochte der schweren Last nicht zu
widerstehen, also daß die Leiter zu wanken begann. Da glitt
auch der Mann, der nach oben gestiegen war, auf einer Sprosse
aus und stürzte mit dem Eimer dem Teufel auf den Hals.
Der Böse prustete und schüttelte sich wie ein Bär und fing an
schrecklich zu fluchen. Dabei hatte er der Leiter nicht mehr Acht
und ließ sie fahren, so daß sie mit Donner und Gekrach zu
Boden fiel und in tausend Stücke schlug.

Als ihm nun sein Werk so übel gerathen und er selbst anstatt des Mondes vom Theer begossen ward, da tobte der Teufel
in seinem Zorn und Grimm. Wohl wusch und scheuerte, kratzte

und schabte er seinen Leib, aber Theer und Ruß blieben treu
an ihm haften und ihre schwarze Farbe trägt er noch bis auf
den heutigen Tag.

So kläglich schlug dem Teufel sein Versuch fehl, aber er
wollte von seinem Vorsatze nicht ablassen. Darum stahl er an=
deren Tages wiederum sieben Leiterbäume, band sie gehörig zu=
sammen und schaffte sie an den Waldsaum, wo der Mond am
tiefsten steht. Als der Mond am Abend aufstieg, schlug der
Böse die Leiter fest in den Grund ein, stützte sie noch mit beiden
Händen und schickte den anderen Knecht mit dem Theereimer
hinauf zum Monde, gebot ihm aber strengen Wortes, sich fest
an die Sprossen zu hängen und sich vor dem gestrigen Fehltritt
zu hüten. Der Knecht kletterte so schnell als möglich mit dem
Eimer hinauf und gelangte glücklich auf die letzte Sprosse. Eben
stieg der Mond in königlicher Pracht hinter dem Walde auf.
Da hob der Teufel die ganze Leiter auf und trug sie eilig bis
hin an den Mond. Und welch ein Glück! Sie war wirklich
gerade so lang, daß sie mit der Spitze an den Mond reichte!

Nun machte sich des Teufels Knecht ohne Säumen an's
Werk. Es ist aber nichts Leichtes, oben auf einer solchen
Leiter stehen und dem Monde mit einem Theerwisch in's Gesicht
fahren wollen. Zudem stand auch der Mond nicht still auf
einem Fleck, sondern wandelte ohne Unterlaß seines Weges fürbaß.
Darum band sich der Mann da oben mit einem Seil fest an
den Mond und da er also vor dem Fall behütet war, ergriff
er den Wisch aus dem Eimer und begann den Mond zuerst von
der hinteren Seite zu schwärzen. Aber die dicke Goldschicht auf
dem reinen Monde wollte keinen Schmutz leiden. Der Knecht
strich und schmierte, daß ihm der Schweiß von der Stirn troff,
bis es ihm nach vieler Mühe endlich doch gelang, des Mondes
Rücken mit Theer zu überziehen. Der Teufel unten schaute

offnen Mundes der Arbeit zu und wie er das Werk zur Hälfte
vollendet sah, sprang er vor Freuden von einem Fuß auf den
anderen.

Als er so des Mondes Rücken geschwärzt hatte, schob sich
der Knecht mühsam nach vorn, um auch hier den Glanz des
Himmelswächters zu vertilgen. Da stand er nun, verschnaufte
ein wenig und dachte nach, wie er es anfinge, um mit der
anderen Seite leichter fertig zu werden. Es fiel ihm aber nichts
Gescheidtes ein und er mußte es wie zuvor machen.

Schon wollte er sein Werk wieder beginnen, als gerade Altvater aus kurzem Schlummer erwachte. Verwundert nahm er
wahr, daß die Welt um die Hälfte dunkler geworden, obgleich
kein Wölkchen am Himmel stand. Wie er aber schärfer nach
der Ursache der Finsterniß ausschaute, erblickte er den Mann
auf dem Monde, der eben seinen Wisch in den Theertopf tauchte,
um die erste Hälfte des Mondes der zweiten gleich zu machen.
Unten aber sprang der Teufel vor Freuden wie ein Ziegenbock
hin und her.

Solche Streiche macht Ihr also hinter meinem Rücken! rief
Altvater zornig aus. So mögen denn die Uebelthäter den verdienten Lohn empfangen! Auf dem Monde bist Du und sollst
da ewig mit Deinem Eimer bleiben, Allen zur Warnung, die
der Welt das Licht rauben wollen. Mein Licht muß herrschen
über die Finsterniß und die Finsterniß muß vor ihm weichen.
Und wenn sie auch aus allen Kräften dagegen stritte, so wird
sie doch das Licht nicht besiegen. Das soll der schwarze Ver-
derber des Mondes mit seinem Geschirr da oben von Nacht zu
Nacht Allen verkünden, die zum Monde aufschauen!

Altvaters Worte gingen in Erfüllung. Noch heute steht der
Mann mit dem Theereimer im Monde, der deswegen nicht mehr
so hell leuchten will, wie sonst. Oft wohl steigt er hinab in

den Schoß des Meeres und möchte sich rein baden von seinen
Flecken; aber sie bleiben ewig an ihm haften. Wie hell und
klar er auch scheine, so kann sein Licht den Schatten, den
er trägt, doch nicht verscheuchen, noch die schwarze Decke
durchdringen, die über seinem Rücken liegt. Wenn er uns bisweilen den Rücken zuwendet, so erblicken wir ihn nur im trüben,
glanzlosen Wesen, ohne Licht und Strahl. Lange erträgt er es
aber nicht, uns ein finsteres Gesicht zu zeigen; bald kehrt er
seine leuchtende Seite der Erde wieder zu, gießt sein liebes Silber-
licht von oben auf uns nieder, läßt, je mehr er zunimmt, seines
Verderbers Gestalt immer deutlicher erscheinen und bringt uns
in Erinnerung, daß das Licht über die Finsterniß triumphirt.⁴)

---·•·---

8. Das Weib im Monde.

Eines Sonnabends ging ein Weib noch spät am Abend zum
Fluß, um Wasser zu schöpfen.¹) Hell am Himmel leuchtete der
Mond und das Weib sprach so für sich hin: Was stehst und
gafffst Du doch da oben? Solltest mir wohl lieber zu Hilfe
kommen und Wasser tragen! Ich muß hier arbeiten und Du
gehst da oben müssig!

Da stieg plötzlich der Mond von oben herab, aber er ergriff
das Weib und führte es mit sich unter den Himmel. Da steht
es noch jetzt mit beiden Eimern zur Warnung und Lehre für
Jedermann, daß man am Ruhetage spät abends keine Arbeit
verrichten dürfe. Der Mond aber hat keine Ruhe und kann
nimmer müssig gehn; er muß wandern von Land zu Land und
überall die finstere Nacht mit seinem Licht erleuchten.

---·•·---

9. Der Wirbelwinds=Geist.

Zwei Männer gingen hinaus zum Walde. Nicht weit auf einer Wiese sahen sie einen großen Heuschober, der vom Winde auseinander gerissen und zu Boden gestürzt worden war.

Sieh, sagte der Jüngere von den Beiden zum Aelteren, der große Heuschober ist umgestürzt! Wer mag das wohl gethan haben?

Weißt Du es denn nicht selbst? fragte der Alte.

Wie sollt' ich es wissen?

Kein Anderer als der Wirbelwinds=Geist.¹) O, der ist stark und was er will, führt er aus! Bisweilen hab' ich ihn selbst gesehen und wüßte mancherlei von ihm zu sagen.

Und ich habe immer geglaubt, es wäre eitel brausender Wind!

Wer den Geist des Wirbelwindes sehen will, muß seinen Bannspruch kennen! antwortete der Alte.

Könntest Du mich denn den Geist sehen lassen? fragte der junge Mann.

Wenn Du es durchaus willst, sprach der Alte, so kann ich es wohl thun. Du mußt aber auf meine Worte Acht geben und sie nicht vergessen, sonst wirst Du keinen Nutzen davon haben.

Wie sie ein Stück Weges weitergegangen waren, erblickte der junge Bauer plötzlich eine große Staubwolke.

Sieh nur, da kommt ja gerade der Wirbelwind, sagte er, jetzt mach' nur gleich, daß ich den Geist sehen kann!

Möge denn geschehen wie Du willst, aber lassen wir ihn näher kommen!

Bald war auch der Wirbelwind in ihrer Nähe. Da kehrte ihm der Alte rasch den Rücken zu und sagte des Wirbelwindes Bannspruch mit lauter Stimme her, und der Jüngere sprach ihm jedes Wort nach.

Wie sie sich umwandten, sahen sie einen eisgrauen alten Mann mit langem weißen Bart, einem breiten, flatterndem Rock und zerzaustem Haar, der von der Waldlichtung her an ihnen vorüber lief und sie böse anblickte. Er brach die Bäume nieder, bog das Waldgebüsch zu Boden wie ein Hirtenknabe seine Gerte, wühlte das Wasser schäumend auf und warf die großen Heu= schober auf der Wiese auseinander. Auf die Menschen gab er, wie es schien, keine Acht. Nicht lang, so war er den Blicken der beiden Männer entschwunden.

Du hast ihn nun gesehen, sprach der Alte zu seinem Gefährten; soll er aber ohne Schaden an Dir und den Deinigen vorüber= ziehen, so mußt Du ihn mit diesem Zauberspruch bannen, so oft er in Deine Nähe kommt. Vergiß aber die Worte nicht! Denn er ist ein Zerstörer und meint es nicht ehrlich. Darum könnte es Dir übel ergehen!

Der junge Bauer aber dachte wie er heimging: Der Wirbel= wind ist doch ein ganz artiger Mann! Es kann mein Glück sein, wenn ich näher mit ihm bekannt werde. Sobald er sich wieder zeigt, will ich ihn bannen.

Er hatte auch nicht gar lange zu warten. Als er eines Tages auf dem Acker pflügte, sah er von fern den Wirbelwind heranbrausen.

Nun ist der rechte Augenblick da, meinte der Mann, kehrte dem Wirbelwind rasch den Rücken zu und gedachte die Zauber= worte herzusagen. Aber o weh! Er hatte sie alle vergessen und wie er sich auch mühte, es kam ihm nicht eines wieder in den Sinn. In großer Furcht und Angst wandte er sich um. Da stand der Geist grade vor ihm und sah ihm mit schrecklichen Augen in's Gesicht.

Sage die Worte her! rief der Geist heulend und brausend.

Erschrocken fiel der Mann vor ihm nieder.

Du haft mich sehen wollen, so sprich jetzt!

Ach, ich — ich weiß die Worte nicht mehr!

Kaum hatte er das gesagt, da ergriff ihn der Geist, hob ihn auf wie eine Hedekunkel und riß ihn mit furchtbarer Schnelle hoch durch die Luft dahin. Erst nach mehreren Meilen warf er ihn wieder irgendwo hin in's Gebüsch.

Eine lange Zeit verging, ehe der Mann aus seiner Ohnmacht erwachte und die Augen aufschlug. Dann machte er sich hinkend auf den Heimweg. Er langte erst anderen Tages an, sagte aber Niemandem ein Wort von seinem Unglück.

Seitdem verfolgte und quälte der Wirbelwind den Mann, wo es nur in seiner Macht stand. Bald zerwühlte er ihm auf dem Felde die aufgeschichteten Getreideschober, bald trug er das Dach vom Hause ab, bald wieder füllte er ihm Hof und Garten mit Wasser an. Immer wußte er ihn von nun an zu plagen.

Endlich gerieth der Bauer auf einen glücklichen Einfall.

Warte nur Du! sprach er zu sich, kann ich denn die Worte vom Alten nicht wieder lernen? Wie kam es nur, daß ich nicht daran dachte!

Sogleich eilte er zum Alten und klagte ihm seine Noth.

Du Thor, sagte der Alte, warum bist Du denn nicht früher gekommen? Du hätteft schon längst von der Macht des Geistes frei sein können. Nun lerne fleißig die Worte, damit Du sie nicht wieder vergißt.

Da begann der Mann zu lernen, daß ihm der Schweiß auf die Stirn trat. Als er es endlich fest hatte und seiner Sache gewiß war, machte er sich heimwärts.

Den anderen Tag zog er hinaus auf den Fischfang. Als er am Flusse die Netze ordnete, sah er wieder den Wirbelwind heranstürmen. Alles Wasser im Fluß fing an zu wallen und zu brausen. Der Mann aber kehrte dem Wirbelwind flugs den

Rücken zu und sagte den Spruch ohne zu stocken her. Als er
sich umwandte, merkte er, wie ihn der Geist zornig anblickte,
während er an ihm vorübereilte. Im selben Augenblick stürzte
aus dem Fluß eine große Welle dem Manne an den Hals und
durchnäßte ihn bis auf die Haut. Seit dieser Zeit ließ sich der
Wirbelwind nicht wieder sehen und hatte der Bauer Ruhe vor
dem Geist.

10. Die Schmiede des Teufels.

Bei der Kirche zu Pühalepp[1]) liegt hart am Meer ein an-
sehnlicher Berg mit vielen Höhlen im Innern. Da hat vorzeiten
der Teufel oft hausgehalten und in einer Höhle seine Esse gehabt,
wonach sie auch im Volke des Teufels Schmiede hieß. Hier
war er den Tag über bei der Arbeit, nachts aber fuhr er in
einer großen schwarzen Kutsche mit acht schwarzen Hengsten
spazieren. Vor Allem fuhr er gern auf das Gut Großenhof,
jagte da etliche Male um den Hof, kehrte dann um und rasselte
an der Kirche vorbei zu seiner Schmiede zurück.

Darob gerieth die Herrschaft auf Großenhof in arge Noth.
Niemand getraute sich mehr abends zu Bett zu gehen. Allnächt-
lich kam der Böse mit schrecklichem Gepolter, von vielen Knechten
begleitet, auf den Schloßhof und trieb allda sein Wesen. Die
Leute wußten kein Mittel gegen ihn, gingen darum hin zum
Pfarrer und baten den um Hilfe. Der Pfarrer nahm am an-
deren Abend Bibel und Gesangbuch unter den Arm und das
Kreuz in die Hand und machte sich auf den Weg nach Großenhof.
Wie er da eine Weile gewartet hatte, spürte er ein gewaltiges
Gedröhne, daß die Erde unter ihm erzitterte. Gleich darauf
sauste des Teufels Kutsche mit acht feuerschnaubenden Rossen auf

den Hof. Beherzt trat ihm der Pfarrer mit den heiligen Büchern und dem Kreuz entgegen und hub an den Teufel zu schelten. Der knirschte wüthend die Zähne und schwur, er wolle dem Pfarrer in seinem eigenen Hause zu Gast kommen, wenn er ihn von hier vertriebe. Der Pfarrer aber achtete solcher Drohung nicht und so mußte der Böse zornig entweichen.

Einige Tage darauf bemerkte der Knecht des Pfarrers am Abend, wie der Teufel mit großem Getöse an der Kirche vorbeifuhr und gerade den Weg zur Pfarre nahm. Eilig lief der Knecht zum Pfarrer in die Schlafkammer, um ihn zu wecken. Schon füllte das Höllenvolk den ganzen Pfarrhof und der Teufel selbst trat in's Zimmer, als der Pfarrer erwachte, hurtig sein Amtskleid überwarf und mit der Bibel in der Hand dem Bösen entgegenging. Dawider konnte der Böse nichts ausrichten und mußte entweichen, hieß auch sein Volk umkehren. Seitdem sah man ihn weder auf das Gut noch zur Pfarre kommen. In seiner Schmiede hämmerte er nun ohne Unterlaß und vollführte einen gräulichen Lärm. Das verdroß die alten Weiber gar sehr, die am Strande Wäsche wuschen. Sie ergriffen die nassen Hemde, suchten den Bösen in seiner Schmiede auf und fielen so wacker über ihn her, daß er es seitdem nicht mehr versuchen mochte und ganz von seinem Spectakel abließ.

---

11. Unrecht Gut gedeihet nicht.

Ein Bauer fuhr mit seinem Flachsfuder zur Stadt.

Der Weg führte ihn über einen See und wie er so dahinfuhr, sprach er zu sich: Teufel auch, da muß ich ein schönes Stück Geld für den Flachs lösen!

Im selben Augenblick sah er einen schwarzen Mann neben seinem Schlitten einherschreiten, der sprach zu ihm: Nimm mich auch auf Deinen Schlitten! Der Schnee ist tief und ich kann zu Fuß nicht weiter.

Ich mag Niemand mehr aufnehmen! sprach der Bauer. Mein Fuder ist schwer und das Pferd müde!

Das schadet nichts! sagte der fremde Mann und sprang geschwind auf das Fuder.

Da wurde es aber auf einmal so schwer, daß das Pferd kaum vorwärts kam.

Mit großer Anstrengung erreichten sie doch endlich die Stadt. Der Bauer ging zu einem Kaufmann, schloß den Handel gleich ab und erhielt einen guten Preis für seinen Flachs.

Als aber der Flachs auf die Waage geworfen wurde, bemerkte der Bauer, wie der fremde Mann glatt und gewandt unter den Flachs auf der Waage glitt und sich da versteckte.

Jetzt wog der Flachs um Vieles mehr und der Bauer erhielt dafür einen hübschen Sack Geld.

Komm, jetzt gehen wir in's Wirthshaus und trinken tüchtig auf den Kauf! sprach der fremde Mann. Es ist Dir so gut geglückt, daß Du mehrere Tage zechen kannst und bringst doch noch einen großen Vortheil nach Hause.

Meinetwegen, sprach der Bauer, gehen wir!

Im Wirthshaus tranken und lärmten sie wacker drauf los, bis der Bauer schon einen halben Rausch hatte.

Da sprach der Fremde: Ein Stück Geld hast Du freilich schon, aber auf Dein ganzes Leben langt es nicht. Laß uns aber jetzt in eines reichen Kaufmanns Gewölbe einbrechen und noch hinzu nehmen, so viel uns gelüstet. Er hat Gold und Silber die Fülle!

Der Bauer dachte hin und her und sprach endlich: Gut, es sei! Laß uns gehen!

Darauf nahm der Fremde seinen Hut vom Kopfe, setzte ihn dem Bauer auf und sagte: Wenn Du diesen Hut trägst, so kann Dich Niemand sehen. Sei nur beherzt und fürchte nichts!

So kamen sie nun an das Gewölbe des reichen Kaufmanns. Die erste Thür hatten sie leicht aufgebrochen, aber über der zweiten lag eine große Eisenstange. Da war guter Rath theuer.

Plötzlich biß der Fremde mit den Zähnen in die eiserne Krampe an der Stange und zog, daß es Funken sprühte.

Herrgott, Du hast aber Kraft! rief der Bauer verwundert.

Im Augenblick war der Fremde wie unter die Erde verschwunden.

Da fing der Bauer an zu fluchen: Zum Teufel, was für ein Hexenmeister mag doch dieser Kerl sein?!

Sofort stand der Fremde wieder da und faßte von Neuem mit den Zähnen an's Eisen. Mit einem Ruck zog er die Krampe aus der Mauer und die Thür sprang auf. Jetzt füllten sie einen Sack mit Gold und der Bauer warf den Geldbeutel, den er für den Flachs erhalten, noch oben drauf. Dann schleppten sie den Schatz hinaus auf den Schlitten, der Bauer setzte sich auf den Geldsack und so fuhren sie davon.

Als sie wieder über den See kamen, da dachte der Bauer so recht über seinen ganzen Reichthum nach und sprach für sich: Gütiger Gott, jetzt hab' ich aber viel Geld und Gut!

Da hörte er auf einmal ein Klingeln und Klimpern und sieh: alles Gold aus dem Sack sprang vom Schlitten in einen Spalt im Eise und verschwand in der Tiefe und auch das Geld, das der Bauer für den Flachs gelöst, rollte dem gestohlenen Schatze nach.

Da stand er nun und war ärmer als zuvor. Denn unrecht Gut gedeihet nicht.

———————•—•———————

12. Der Soldat und der Teufel.

Der Teufel traf vor der Stadt mit einem Soldaten zusammen und bat ihn: Sei so gut, Freundchen, schaff' mich durch die Stadt! Kann nicht allein gehn, so gern ich's wollte: auf allen Straßen laufen mir die doppeläugigen Hunde [1]) entgegen. Sobald ich mich in der Stadt zeige, sind sie rudelweise hinter mir her!

Will's schon thun, antwortete der Soldat, aber ohne Geld wird aus dem Handel nichts!

Was verlangst Du denn? frug der Teufel.

Viel ist's gerade nicht, sprach der Soldat, denn Du hast ja Gold genug. Wenn Du mir nur meinen Fausthandschuh füllst, so bin ich schon zufrieden!

Soviel habe ich in der Tasche! sagte der Böse und füllte den Handschuh mit Gold bis an den Rand.

Der Soldat dachte hin und her und sprach: Ich weiß aber nicht recht, wo ich Dich hinthun soll ... Halt! krieche hier in meinen Ranzen, da bist Du am sichersten!

Schon recht! Aber Dein Ranzen hat ja drei Riemen! Schnall' nur den dritten nicht über, es könnte mir sonst schlecht werden! [2])

Meinetwegen! Troll' Dich nur hinein!

Der Böse kroch auch richtig hinein.

Der Soldat aber war just einer von Denen, die ihr Wort nicht halten, wo sie es sollen. Kaum war der Schwarze im Ranzen, so zog er alle drei Riemen fest zusammen und fügte noch hinzu: Ein Soldat darf ja nicht mit offenen Riemen durch die Stadt marschiren! Glaubst Du etwa, daß es mir der Feldwebel um Deinetwillen nachsehen wird, wenn er mich so schlotterig trifft?

Der Soldat hatte aber einen Freund hinter der Stadt, der war ein Schmied. Zu dem marschirte er geradenweges mit dem Teufel im Ranzen hin und sprach zu ihm: Alter Freund, nimm

doch diesen Ranzen und schlage ihn auf dem Ambos weich! Der
Feldwebel schilt mich immer wegen meines Ranzens, der hart
und eckig wie ein vertrockneter Bastschuh sein soll!

Wirf ihn mal auf den Ambos! sprach der Schmied.

Und nun schlug er mit dem Hammer auf den Ranzen los,
daß die Wolle von dem Fell flog.

Reicht's schon? frug der Schmied nach einer Weile.

Nein, sprach der Soldat, schlag' nur tüchtig zu!

Wieder hagelte es Schläge auf den Ranzen.

So, genug für diesmal! sagte der Soldat endlich. Ein
andermal komme ich schon wieder, wenn ich's nöthig habe.

Damit nahm er den Ranzen auf die Schulter und kehrte
zur Stadt zurück. Da warf er den Teufel grade mitten auf
der Straße aus dem Ranzen.

Der Teufel war zusammengestampft wie ein Pilz. Kaum
konnte er sich auf den Füßen halten.

Die doppeläugigen Hunde fielen aber im Nu über den Alten
her und da ward er denn auf's Neue gezwackt.

So schlimm war es dem Alten noch nie ergangen. Der
Soldat aber hatte für sein Lebtag Geld genug und blieb noch
seinen Erben davon übrig.

Als er gestorben und in die andere Welt gekommen war,
ging er zur Hölle und klopfte an das Thor.

Der Böse schielte durch's Thor, um zu sehen, wer es wäre,
und schrie: Nein, nein, Du Erzschelm, Du bist hier nicht nöthig!
Geh nur wohin Du sonst magst, hier kommst Du nicht herein!

Der Soldat ging hin zum Alten Gott und erzählte dem,
wie es ihm ergangen. Da sagte man ihm: Bleibe nur! hier
haben Soldaten Platz genug!

Seitdem läßt aber der Böse keinen Soldaten mehr in die
Hölle.

———•———

3*

13. Wie des Teufels Sohn ein Weib gewann.

Ein Waisenmädchen ging einst an einem Sonnabend spät zur Badestube. Da wusch und quästete es die Alten und Hilf- losen und erhielt manch' schönen Dank dafür. Darüber wurde es aber spät und es konnte nicht eher an sich selbst denken, als bis alle Anderen heimgegangen waren. Als es nun gerade auf der Schwitzbank lag, vernahm es plötzlich vor der Thür der Badestube ein Rollen und Gerassel, als kämen viele herrschaft- liche Kutschen auf einmal vorgefahren.

Das Mädchen warf sich rasch sein Hemd über und lugte durch die Thür in's Freie.

Draußen hielt eine prächtige Goldkutsche mit vier schwarzen Hengsten davor, die waren mit goldenem und silbernem Geschirr geziert und wenn sie die geschmückten Köpfe schüttelten, so klang es wie bei Hochzeitspferden.

Aus der Kutsche trat aber der Böse[1]) mit seiner Mutter und drei Söhnen.[2])

Das Mädchen machte schnell das Zeichen des Kreuzes vor die Schwelle und lief auf die Schwitzbank zurück.

Der Böse kam auf die Schwelle, durfte aber nicht eintreten, da er das Zeichen Gottes vor sich sah. Darum rief er von der Schwelle: Komm her zu mir, Töchterchen, und laß uns gehen! —

> Bin nicht bereit,
> Hab' weder Schuh noch Kleid!

rief das Mädchen. Der Teufel antwortete schmeichelnd:

> Sprich nur, was Dein Herz begehrt,
> Alsogleich sei's Dir bescheert!

Aus der Ecke aber pfiff ein Mäuschen:

> Weise, weise sprich zurück,
> Einzeln ford're Stück um Stück!

Darauf sprach das Mädchen:

> Unter dem Kleide
> Fehlt mir ein Hemd von Seide!

Da frug des Teufels Weib seine Söhne:

> Wer von Euch ist schnelle
> Hin und her zur Stelle?

Der Erste sprach:

> Ich wie der Wind
> Geschwind!

Der Zweite:

> Ich wie die Welle
> Schnelle!

Der Dritte aber:

> Ich hier und dort,
> Zugleich an jedem Ort!

Den Dritten hieß der Böse das Hemd von Hause holen und sprach:

> Söhnchen, springe, Söhnchen, eile,
> Rühr' die Füße Dir zum Heile,
> Leicht kannst Du ein Weib erbeuten,
> Kehrst Du nur zurück bei Zeiten!

Augenblicklich verschwand der Sohn und war im Nu mit dem seidenen Hemde wieder zurück.

Der Teufel warf dem Mädchen das Hemd hin und schmeichelte:

> Nimm das Hemd von Seide schön,
> Töchterchen, und laß uns gehn!

Aber das Mädchen rief:

> Bin nicht bereit,
> Hab' kein goldenes Kleid!

Darauf der Teufel:

> Söhnchen, springe, Söhnchen, eile,
> Rühr' die Füße Dir zum Heile,

Leicht kannst Du ein Weib erbeuten,
Kehrst Du nur zurück bei Zeiten!

Der Sohn war im Nu mit dem goldenen Rock zur Stelle und der Alte sprach:

Nimm den Rock von Golde schön,
Töchterchen, und laß uns gehn!

Da pfiff das Mäuschen:

Weise, weise sprich zurück,
Einzeln ford're Stück um Stück!

Darauf das Mädchen:

Bin nicht bereit,
Fehlt ein bunter Gürtel um's Kleid!

Der Teufel schrie:

Söhnchen, springe, Söhnchen, eile,
Rühr' die Füße Dir zum Heile,
Leicht kannst Du ein Weib erbeuten,
Kehrst Du nur zurück bei Zeiten!

Der Sohn war wie der Wind fort und mit dem Gürtel zurück.

Nimm den Gürtel bunt und schön,
Töchterchen, und laß uns gehn!

schmeichelte der Teufel wieder, aber das Mädchen sprach:

Noch ist's nicht Zeit,
Bin nicht bereit,
Noch fehlen die Schuh'
Dazu!

Schnell waren auch die Schuhe herbeigebracht.

Inzwischen mochte es bald Mitternacht geworden sein und nun hatte das Mädchen Alles empfangen, was es begehrte. Es trat vor die Thür und war in seinem Schmucke anzusehn wie eine Königstochter, so blitzte das Gold und Silber im Mondenschein.

Tritt nun in die Kutsche, Töchterchen! schmeichelte der Böse.
Aber die Waise sprach:

> Ei, das wird mir gar zu schwer,
> Deine Kutsche ist ja leer!

Darauf der Böse:

> Nein, nein, Du sollst nur wissen:
> Drin sind seidne Federkissen!

Auf seidnen Kissen bin ich nicht gewöhnt zu fahren! Schafft
Heu in die Kutsche!

Jetzt sprach der Alte zu seinem Sohn:

> Lauf hin gen Riga zur Aa,
> Es steht ein Schober da,
> Dem wird der Gürtel fehlen, [3])
> Da magst Du stehlen
> Ohne Scheu
> Von dem Heu!

Der Junge stob wie der Wind davon und war ebenso schnell
zurück. Aber im selben Augenblick krähte der Hahn und da war
der Böse sammt Weib und Kind, Kutsche und Roß wie unter
die Erde verschwunden. Die Waise stand allein in ihrem Gold=
und Silberschmuck vor der Schwelle der Badestube. —

Anderen Tages, als die reiche Bauerntochter des Waisen=
mädchens Schätze sah, ließ sie ihm keine Ruhe, bis es Alles
erzählt hatte.

Am nächsten Sonnabend blieb die Bauerntochter später als
alle Uebrigen in der Badestube. Es währte auch nicht lange!
da rollte die Kutsche mit den vier Hengsten wieder vor, der
Teufel trat auf die Schwelle und sprach schmeichelnd: Komm,
Töchterchen, und laß uns gehn!

Die Bauerntochter antwortete: Ich habe ja nichts umzunehmen.

> Sprich nur, was Dein Herz begehrt,
> Alsogleich sei's Dir bescheert!

sagte der Teufel. Aber das Mäuschen pfiff aus der Ecke:

> Weise, weise sprich zurück,
> Einzeln forb're Stück um Stück!

Was wisperst Du da, Schmutzschnäuzchen? Sei still! rief die Bauerntochter und zählte dann dem Teufel hastig Alles auf einmal auf:

> Ein Hemd von Seide
> Zum goldenen Kleide,
> Einen Gürtel, geschmückt,
> Und Strümpfe, gestickt,
> Auf's Haupt schaff' her
> Den Kranz von Silber schwer!

Da sprach der Teufel zum Sohne:

> Schnell über Stock und Block
> Herbei von Hause den Rock,
> Herbei das Hemd von Seide
> Zu dem goldenen Kleide,
> Den bunten Gurt nur schnelle
> Und die Seidenstrümpfe zur Stelle,
> Dazu den Silberkranz
> Und zu Ende ist der Tanz!

Im Nu war Alles herbeigeschafft und jetzt mußte die Bauerntochter mit dem Teufel in die Kutsche steigen und zum Höllenhof fahren, wo sie seines Sohnes Weib wurde.

14. Der Bauer und die drei Teufel.

Ein Bauer fuhr im Herbst mit einer Ladung Gerste zur Stadt. Als er die Gerste verkauft hatte, machte er sich gleich auf den Heimweg, aber je weiter er fuhr, desto matter und schwächer wurde sein Pferd und kam endlich kaum von der Stelle.

Daß Dich der Geier! fluchte der Mann, welcher Teufel ist Dir in's Fell gefahren? Bin doch schon oft in der Stadt und weit herum in den Dörfern gewesen, aber das geschieht mir heute zum ersten Mal!

In seinem Aerger schlug er derb auf den Gaul ein, aber es half ihm nichts, denn der Gaul hinkte wie ein lahmer Ochse vorwärts und der Bauer auf dem Wagen zitterte in der Herbstluft vor Kälte.

Plötzlich blieb das Pferd, als er noch eine gute Strecke zu fahren hatte, mitten auf dem Wege stehn und rührte kein Glied mehr. Was sollte der Bauer jetzt thun? Er spannte das Thier aus, stieß es ärgerlich in den Graben am Wege und sprach: Da mag Dich der Teufel holen! — Kaum hatte er es gesagt, als ein kleiner Hund [1]) aus dem Gebüsch hervorlief, an dem Bauer aufsprang und ihn etliche Male mit den Pfötchen streichelte, worauf er ebenso schnell verschwand. Verwundert schaute ihm der Bauer eine Weile nach, ergriff dann den Wagen und zog ihn hinter sich her nach Hause.

Zu Hause schob er den Wagen auf den Hof, ließ ihn da stehen und legte sich matt und müde schlafen. Anderen Tages ging er hinaus auf die Wiese, um sein zweites Pferd zu holen. Aber wie erstaunte er, als er auch den faulen Gaul von gestern auf der Wiese fand, aber feister und munterer als je zuvor.

He, finde ich Dich hier, Du Faullenzer? rief der Bauer. Recht schön, da sollst Du mir gleich den Acker pflügen und ich will doch sehen, ob Du wieder von Kräften kommst!

Dabei ergriff er das Thier bei der Mähne und wollte ihm die Halfter überwerfen. Plötzlich trat ihm ein seltsamer Mann in den Weg und sprach: Rühr' den Gaul nicht an, der ist mein!

Was zum Henker! rief der Bauer, dieses Thier, das ich selbst aufgezogen habe, soll Dir gehören? Wer bist Du denn eigentlich, daß Du mir kommst und mein Eigenthum begehrst?

Du fragst also noch, wer ich sei? Hast Du denn vergessen, daß Du gestern Deinen Gaul dem Teufel versprachst? Der bin ich und wohne auf der Allerweltsheide im ersten Hause. Erinnere Dich noch, Mann, daß ich Dir gleich meinen jüngsten Sohn sandte, der sich bei Dir bedankte, als Du mir den Gaul schenktest!

Was habe ich mit Dir zu schaffen? schrie der Bauer, bekreuzigte sich dreimal, warf dem Pferde die Halfter über und ging mit ihm seines Weges. Der Kobold starrte ihm mit offenem Munde nach, konnte ihm aber nichts anhaben, da er sich bekreuzigt hatte.

Als er zu Hause angelangt war und den Gaul in's Geschirr legen wollte, erschien ein zweiter Mann mit bösem Gesicht und eisernen Ruthen in der Hand und sprach drohend: Hüte Dich, meinen Gaul anzuspannen! Wenn Du es thust, so sollst Du mit glühenden Eisenruthen gepeitscht werden!

Erschrocken hielt der Bauer inne, bekreuzigte sich wieder dreimal und rief: Was sprichst Du da von Deinem Pferde? Sage zuvor, wer Du bist!

Ich bin der Teufel im Krallensumpf und wohne im zehnten Hause und da Du meinem jüngeren Bruder nicht gehorcht hast, so bin ich selbst gekommen, um Dich zu züchtigen! polterte der Fremde und trat auf den Bauer zu.

Jetzt sah der Bauer wohl ein, daß er mit dem Zeichen des Kreuzes nichts ausrichtete, nahm also seine Mütze ab und sagte ein Vaterunser her, worauf der Teufel sogleich verschwand.

Zweien hab ich's tüchtig gegeben! dachte der Bauer; da wird der Gaul wohl mein bleiben! Sprach's und führte das Thier auf's Feld vor den Pflug. Da sauste eine schwarze Gestalt wie ein Heuschober auf ihn zu und sprach mit hohler Stimme: Laß den Gaul stehen, mit dem hast Du nichts mehr zu schaffen! Dem Teufel hast Du ihn versprochen und dem muß er bleiben. Denn wir mögen nichts zurückgeben, was wir erhalten!

Der Bauer dachte bei sich: Jetzt hab' ich aber wirklich meine Noth mit den bösen Geistern! — nahm seine Mütze vom Kopf, bekreuzigte sich und sagte ein Vaterunser her. Aber der Geist fuhr ihn an: Bleib' mir weg mit Deinen Possen, ich bin nicht so verzagt, wie meine beiden jüngeren Brüder! Gieb mir das Pferd her und weiter kein Wort mehr!

Als der Bauer sah, daß es anfing ernst zu werden, legte er sich auf's Bitten und frug, was der Teufel für das Pferd verlange.

Nichts Größeres, als daß Du uns auf das Weihnachtsfest [2]) zu Gast bittest, antwortete der Teufel.

Wie viel sind denn Eurer und welche Speisen [3]) soll ich Euch bereiten? frug der Bauer mißtrauisch.

Unser sind drei und ich, der Erste, verlange einen Kübel Blut, mein anderer Bruder ein Faß voll Fleisch und mein jüngster Bruder eine Tonne Hafer, [4]) sprach der Teufel.

Der Bauer merkte wohl, daß der Teufel Arges im Sinne hatte, versprach aber Alles zu erfüllen. Darauf ließ ihm der Teufel den Gaul und ging seines Weges. Mit diesem Gaul pflügte der Bauer das Stoppelfeld gar rüstig auf und das Thier wurde nicht müde bis zum Abend.

Indessen nahte das Christfest heran und dem Bauer ward es immer übler zu Muthe, wenn er an seine Gäste dachte. Endlich zog er hin zu dem finnischen Schwarzkünstler und bat

den um Rath. Der Schwarzkünstler lehrte ihn neun Zauber=
worte und sprach: Wenn sie in's Zimmer kommen, so treten sie
nach ihrer Gewohnheit hinter einander ein und der Aelteste zuerst.
Dann sage Jedem drei Zauberworte her und thue nach meiner
Weisung!

Der Bauer dankte dem Schwarzkünstler und kehrte heim.
Am Weihnachtsabend waren die drei Gäste auch richtig erschienen.
Der Aelteste trat vor und begehrte das Blut. Jetzt sagte der
Bauer leise drei Zauberworte her und sprach dann mit lauter
Stimme. Krieche in den Spalt an der Wand und sauge Blut,
wenn Du es findest!

Da ward aus dem Teufel eine Wanze.

Das Fleisch her! schrie der zweite Teufel.

Der Bauer murmelte wieder drei Worte und sprach: Fort
in den Wald und fange Dir selbst das Fleisch!

Da ward aus dem Teufel ein Wolf.

Den Hafer, den Hafer! brüllte der dritte Teufel.

Der Bauer sagte zum dritten Mal drei Worte her und rief:
Auf's Feld mit Dir und suche Dir selbst ein Körnchen!

Da ward aus dem Teufel der Rattenkönig.

So ist der Bauer seiner bösen Gäste ledig geworden und
hat hernach nie mehr geflucht.

---

15. Der Teufel und sein Sohn.

Der Teufel ging mit seinem Sohne über Feld. Da ackerte
ein Frohnknecht, der schalt sein faules Pferd und fluchte: Soll
Dich doch der Teufel holen und fressen! Ich komme mit Dir
nicht vom Fleck!

Horch, Vater, ſprach der Sohn zum Alten, da bietet man Dir ein Pferd an! Geh doch und nimm es Dir!

Das iſt mir ein rechtes Angebot! ſprach der Alte. Die Knechte bieten es zwar an, nehmen's aber gleich zurück. Das ſind Schelme, die ihr Wort nicht halten!

Dann laß mir das Pferd, ich will's holen! rief der Sohn. Nur zu, nur zu! lachte der Alte.

Der Sohn ging auch hin zum Pferde und ſchickte ſich an es abzuſchirren.

Der Knecht ſtutzte und erſchrak: was war denn das? Seinem Rößlein wird das Geſchirr abgenommen und doch iſt Niemand da, der es thut! Vater, Sohn und heiliger Geiſt! was iſt denn das? ſchrie der Knecht.

Da lief des Teufels Sohn davon, wie er Gottes Namen hörte.

Der Alte aber ſpottete: Nun, hab' ich's Dir nicht geſagt? Mit den armen Knechten glückt Dir kein Handel! Ja, wenn es noch einer von den Frohnvögten oder ein Aufſeher vom Hofe wäre!

16. Der Forſtwart wird ein Doctor.

Ein Forſtwart ging einſt mit ſeinem Hunde auf die Jagd. Der Hund trieb ihm einen Haſen vor den Schuß und der Forſt=wart ſchoß ihn nieder. Zugleich hatte er aber auch dem Hunde ein Vorderbein zerſchoſſen, obwohl er nicht zu ſagen wußte, wie das geſchehen und wie es möglich geweſen war. Das Bein blutete und das arme Geſchöpf heulte und winſelte, als wollte es dem Schützen ſeinen Schmerz klagen.

Der Mann untersuchte das Bein und fand, daß der Schaden groß sei. Wer kann da helfen, sprach er, ich muß die Jagd aufgeben!

Er warf den Hasen über die Schulter und machte sich auf den Weg.

Es verdroß ihn aber doch, daß er so früh nach Hause mußte, und er sprach so vor sich hin: Der Teufel hole auch solch ein Hundebein!

Im selben Augenblick stand ein lahmer Alter neben dem Schützen und fing an zu reden: Das Unglück ist ja nicht groß! Leicht ließe sich die Wunde Deines Thieres heilen, wenn Du nur wolltest. Da hast Du ein treffliches Pülverchen! Streu' davon dreimal täglich etwas auf die Wunde, so wird das Bein gesund sein bevor Du es glaubst. Durch dieses Pulver haben schon Viele ihr Glück gefunden!

Damit drückte er dem Schützen ein Döschen mit einem grauen Pulver in die Hand und war verschwunden, ehe der Schütze sich bedanken konnte.

Der Forstwart brauchte die Arznei nach des Doctors Vor= schrift und was Niemand geglaubt hätte, geschah: in drei Tagen war das Bein des Hundes gesund!

Nein, solch ein Pulver — das muß ich sagen! brummte der Forstwart. Dann schnitt er sich mit dem Messer eine kleine Wunde in die linke Hand, daß sie blutete, streute etwas von dem Pulver des Walddoctors darauf und im Nu war die Wunde gleichsam verschwunden.

Der Forstwart überlegte: Hm, sagte nicht der lahme Alte, durch dieses Pulver hätte schon Mancher sein Glück gefunden? Ja, das war es, ich erinnere mich seiner Worte! Nun, wenn es damit so steht, warum sollte ich nicht auch auf diesem Wege mein Glück suchen? — Will doch 'mal in den Wald und Umschau halten, ob ich den Lahmen treffe, und wenn ich ihn treffe, — so soll aus mir ein kluger Doctor werden. Mag geschehen, was da wolle!

So ging er zum Walde, streifte da lange umher und begann endlich zu rufen: Klugmann, wo bleibst Du heute?

Im Augenblick war Klugmann zur Stelle.

Höre, Du sollst mich lehren, wie man dies wunderbare Pulver macht! Ich möchte auch mein Glück finden. Zum Lohn magst Du meinetwegen nehmen, was Du selbst begehrst!

Das will ich gern thun, sagte der lahme Alte, und Du sollst es spottbillig haben!

Verlange was Du willst — nur lehre mich das Pulver bereiten! rief der Forstwart.

Aus dem Zeigefinger der linken Hand drei Tropfen Blut! Das ist Alles, was ich verlange — und Du bist ein großer Doctor!

Sei es denn!

Der Lahme stach ihn mit einer Nadel in die Hand, ließ die bedungenen drei Tropfen Blut herausfallen und verwahrte sie in einem Schächtelchen.

Dann übergab er dem Forstwart einen kleinen Sack und sagte: Darin steckt Deine Doctorweisheit! Wenn das Pulver abnimmt oder verbraucht ist, so klopfe nur mit dem Säckchen gegen die Ferse des linken Fußes!

Damit war der Lahme verschwunden.

Der Forstwart steckte das Säckchen in den Busen und ging heim.

Jetzt war das Glück wirklich bei ihm eingekehrt. Binnen Kurzem war sein Name in der ganzen Gegend bekannt. Auch aus weiter Ferne zogen die Kranken von Land und Stadt zu dem klugen Doctor. Sein Wunderpulver heilte alle Wunden und Gebrechen. Niemand aber wußte zu sagen, woher der Mann diese Kunst habe.

Mit der Zeit war der Forstwart ein reicher Mann geworden und lebte, wie nur je ein Doctor gelebt haben mag . . .

Aber plötzlich ward der kluge Doctor krank und starb.

Sein Weib wusch die Leiche rein und bahrte sie mitten in der Stube auf einer Leiter auf, bis der Sarg gezimmert wurde.

Darüber war es Abend geworden und das Weib erschrak gewaltig, als es bemerkte, daß der Todte sich zu regen schien.

Was jetzt? — Die Wittwe nahm ihren Sohn bei der Hand und kroch auf den Ofen. Auch den Hund nahm sie mit. Auf dem Ofen begann sie aus der Bibel für das Seelenheil ihres Mannes zu beten.

Plötzlich fiel des Todten rechter Arm und sein rechtes Bein schlaff von der Leiter nieder.

Das Weib meinte, die Leiche sei noch warm, ging also hin und hob Arm und Bein wieder auf die Leiter.

Da fiel aber auch das linke Bein und der linke Arm von der Leiter.

Das Weib stellte auch diese wieder an ihren Platz und stieg zurück auf den Ofen.

Jetzt richtete sich der Todte auf der Leiter auf und schickte sich an, auch auf den Ofen zu steigen.[1]

Das Weib erhob ein Geschrei, der Hund aber fiel über den Todten her und biß ihn. Wie der Wind stob der Todte aus der Thür und der Hund hinter ihm her.

Wohin sie Beide gerannt sind, — Niemand weiß es.

Das Weib floh mit dem Kinde zu den Nachbarn und getraute sich vor Tagesanbruch nicht in die Nähe des Hauses.

Erst nach drei Tagen kehrte der Hund zurück, aber so matt und müde, daß er sich nicht auf den Beinen halten konnte.

Den Forstwart hat aber später keines Menschen Auge wiedergesehen.

17. Der Schatzträger.

Einem jungen Bauer war einst die ganze Ernte auf dem Felde mißrathen, das Heu verdorben und alles Vieh gefallen, so daß er nicht einmal die Frohnarbeit für den Edelhof leisten konnte. Bekümmert saß er eines Sonntags vor seiner Thür, als gerade das Volk zur Kirche ging. Da trat der alte Land= streicher Michel auf ihn zu, von dem die Leute sagten, er sei ein Hexenmeister, der den Kühen die Milch aussauge, Sturm und Hagel auf die Aecker rufe und den Menschen Krankheiten anwünsche. Deshalb ließ man ihn nie ohne eine Gabe ziehen, wenn er auf einen Hof betteln kam.

Guten Tag, Bauer! rief er und trat näher.

Gott zum Gruß! war die Antwort.

Was fehlt Dir denn? fragte der Alte, Du schaust ja ganz jämmerlich drein!

Ach, schlimm geht's mir freilich! Es ist aber gut, daß ich Dich treffe. Die Leute erzählen ja, Du hättest Gewalt, viel Uebles zu thun, wärest aber ein gescheiter Mann. Vielleicht könntest Du mir helfen?

Die Leute reden Böses, weil sie selbst böse sind, versetzte der Alte. Aber was ist denn geschehen?

Der Bauer erzählte ihm nun sein ganzes Unglück, und der Alte sprach: Wolltest Du Dich denn aus diesem Elend retten und auf einmal ein reicher Mann werden?

Das wollte ich von Herzen gern! rief der Andere.

Darauf lachte der alte Michel und sprach: Wenn ich so jung und stark wäre wie Du, wenn ich Muth hätte und die finstere Nacht nicht fürchtete und auch reinen Mund zu halten verstände, ei, so wüßt' ich wohl, was ich thäte!

Sage mir nur, was Du weißt, ich will Alles thun, wenn ich nur reich werde, denn jetzt ist mir das Leben eine Last!

Darauf sah sich der Alte vorsichtig nach allen Seiten um und sprach heimlich: Weißt Du, was ein Schratt ist?

Der Bauer antwortete erschrocken: Ich weiß es zwar nicht ganz gewiß, habe aber schreckliche Dinge davon gehört!

So will ich es Dir sagen, sprach der Alte. Sieh, das ist ein Geschöpf, das Jedermann sich selbst machen kann, es muß aber so heimlich geschehen, daß keines Menschen Auge es sieht. Sein Körper ist ein Besenstiel, sein Kopf ein zerbrochener Krug, die Nase eine Glasscherbe und die Arme zwei Haspelstöcke, auf denen ein hundertjähriges Weib gesponnen hat. Alle diese Dinge sind leicht zu beschaffen. Diesen Kobold sollst Du an dreien Donnerstagen¹) abends auf einem Kreuzweg aufrichten und mutterseelenallein die Worte dazu sprechen, die ich Dich lehren werde. Dann bekommt der Kobold am dritten Donnerstag Leben.

Gott behüte uns vor dem Uebel! rief der Bauer aus.

He, gruselt's Dich? Dann habe ich schon zu viel gesagt!

Nein, ich fürchte nichts, sprich nur weiter!

Der Alte sprach: Dieser Kobold ist dann dessen Knecht, der ihn auf dem Kreuzweg in's Leben gerufen hat. Er wohnt in seinem Hause unter dem Dach und muß Alles thun, was man ihm befiehlt. Niemand kann ihn sehen, als sein Herr. Er trägt ihm allerorts Geld, Getreide und Heu zu, so oft man will, aber nicht mehr auf einmal als eines Mannes Last.

Aber wenn Du das Alles weißt, Alter, warum hast Du Dir nicht selbst einen so trefflichen Schatzträger gemacht, sondern bist zeitlebens arm geblieben?

Hundertmal hab ich's gewollt und hundertmal den Anfang gemacht, aber mir fehlte der rechte Muth dazu! Ich hatte einen Freund, der besaß einen Schatzträger und erzählte mir oft davon, aber ich war zu verzagt, um es ihm nachzuthun. Mein Freund starb und sein herrenloser Kobold wohnte noch lange da im Dorfe, wo er den Leuten manchen Schabernack spielte. Einst hatte er einem Weibe alles Garn in Stücke gerissen, wie man es aber fand und fortschaffen wollte, lag ein Haufen Gold darunter. Seitdem blieb der Kobold verschwunden. Damals hätte ich mir gar zu gern einen Schatzträger gehalten, aber jetzt bin ich alt und grau und denke nicht mehr daran.

Muth habe ich genug, sprach der Bauer, aber wäre es nicht besser, wenn ich mit dem Pfarrer darüber spräche?

Narr! Mit Niemandem darfst Du das thun, aber am wenigsten mit dem Pfarrer, denn wenn Du den Kobold in's Leben rufst, so verkaufst Du Deine Seele dem Bösen!

Der Bauer prallte entsetzt zurück.

Erschrick nur nicht, sprach der Alte. Dafür hast Du ein langes Leben und Alles, was Dein Herz begehrt. Und wenn Du fühlst, daß Dein letztes Stündlein schlägt, so kannst Du Dich noch immer aus den Krallen des Satans retten, wenn Du Dich von Deinem Kobold loszumachen verstehst.

Wie soll ich das anfangen?

Wenn Du ihm eine Arbeit aufgiebst, die er nicht verrichten kann, so bist Du seiner ledig. Das mußt Du aber klug angreifen, denn er läßt sich nicht leicht überlisten. Der Bauer, von dem ich Dir erzählte, wollte auch seinen Kobold los werden und trug ihm auf, mit einem Siebe ein Faß voll Wasser zu schöpfen. Aber der Kobold trug und schleppte Wasser und ruhte nicht eher, bis das Faß von den Tropfen, die am Siebe hingen, voll ward.

Und er starb auch, ohne den Kobold los zu werden?

Ja, warum verstand er es nicht besser! — Aber etwas muß ich Dir noch sagen: gut zu essen verlangt der Kobold, wenn er in guter Laune bleiben soll. Ein Bauer stellte einst eine

Schüssel mit Brei seinem Kobold unter das Dach, wie er
es von jeher gethan. Das hatte aber ein Knecht bemerkt,
der aß den Brei auf und schüttete hernach Sand in die
Schüssel. In derselben Nacht kam der Kobold und zerschlug
den Bauer jämmerlich und das that er jede Nacht, bis der
Bauer die Ursache merkte und ihm eine neue Breischüssel unter
das Dach trug. Dann ließ er von ihm ab. — Und nun weißt
Du Alles, sagte der Alte.

Der Bauer schwieg. Nach einer Weile hub er an: Dabei
ist aber viel Arges, Michel!

Du begehrtest meinen Rath, antwortete der Alte, und den
hast Du nun. Wähle selbst! Noth und Elend sind über Dich
gekommen. Nur so kannst Du Dich retten und ein reicher
Mann werden und wenn Du nur etwas gescheit bist, wirst Du
den Teufel auch um Deine Seele betrügen!

Der Bauer antwortete nach einigem Nachdenken: So sprich
mir die Worte vor, die ich an den Donnerstagen hersagen soll!

Was giebst Du mir dafür? fragte der Alte.

Wenn ich erst den Schatzträger habe, so sollst Du ein
Herrenleben führen!

So komm' denn, sagte der Alte und ging mit ihm in die
Hütte.

Seit diesem Sonntag sah man den jungen Bauer nicht mehr
im Dorfe. Seine Arbeit auf dem Felde ließ er liegen und
auch das Geringe, was da wuchs, verdarb; in seinem Haus=
wesen aber sah es öde und verlassen aus. Sein Knecht lungerte
in den Krügen umher und die Magd schlief zu Hause, da der
Wirth selbst nicht bei der Arbeit war.

Inzwischen saß der Bauer in seiner rauchigen Kammer. Er
hielt die Thür verriegelt und hatte auch das Fenster verhängt.
Hier arbeitete er in einem finsteren Winkel beim Feuer des

Kienspahns Tag und Nacht fleißig an seinem Kobold. Alles Nöthige hatte er beisammen; selbst die Haspelstöcke, auf denen ein hundertjähriges Weib gesponnen, fehlten nicht. Sorgfältig fügte er alle Stücke zusammen, setzte den alten Topf auf den Besenstiel, machte die Nase aus einer Glasscherbe zurecht und malte dem Kobold mit rother Farbe Augen und Mund auf. Den Körper umwickelte er nach der Vorschrift mit bunten Lappen²) und dachte bei dem Allem mit Schaudern daran, daß er nun die Macht habe, dieses unheimliche Geschöpf in's Leben zu rufen und daß er es bis zu seinem Ende bei sich behalten müsse. Aber wenn ihm die Reichthümer und Schätze einfielen, schwand all' sein Abscheu. Nun war der Kobold fertig und der Bauer machte sich mit ihm am nächsten Donnerstag, als es schon Nacht war, zum Kreuzweg am Walde auf. Da stellte er den Kobold hin, setzte sich auf einen Stein und wartete. Aber jedesmal, wenn er den Kobold ansah, wollte ihn das Entsetzen fast zu Boden werfen. Sobald sich nur ein Wind erhob, ging es ihm durch Mark und Bein und wenn das Käuzchen von fern schrie, glaubte er schon des Kobolds Krächzen zu vernehmen, so daß ihm das Blut in den Adern erstarrte. Als es endlich Morgen wurde, ergriff er den Kobold und schlich vorsichtig nach Hause.

Ebenso erging es ihm am zweiten Donnerstage.

Endlich war die Nacht des dritten Donnerstages herangekommen und jetzt sollte sich der Zauber erfüllen. Der Wind heulte und der Mond war hinter dunklen Wolken versteckt, als der Bauer in tiefer Nacht mit seinem Kobold auf den Kreuzweg kam. Da richtete er ihn wie zuvor auf, dachte aber dabei: wenn ich ihn jetzt in tausend Stücke schlüge, hernach heimginge und mich tüchtig an die Arbeit hielte, so brauchte ich nichts Böses in's Werk zu setzen!

Aber ich bin ja blutarm, antwortete er sich selbst, und Dieser hier soll mich reich machen! — Geschehe, was da wolle, schlimmer kann es mit mir nicht werden!

Aengstlich schaute er um, kehrte sich zitternd zu dem Kobold hin, ließ aus seinem Finger drei Tropfen Blut auf ihn fallen und sagte die Zauberworte her, die ihn der Alte gelehrt hatte. [3]

Plötzlich trat der Mond aus den Wolken und schaute gerade auf den Ort hin, wo der Bauer vor seinem Kobold stand. Der Bauer aber erstarrte vor Schreck, als er sah, wie der Kobold in's Leben kam. Das Gespenst verdrehte gräulich die Augen, kehrte sich langsam um und um und wie es wieder seinen Meister ansah, fragte es mit knarrender Stimme: Was begehrst Du?

Das vermochte der Bauer, dem vor Schreck fast schon die Sinne geschwunden waren, nicht zu ertragen: In Todesangst floh er davon und gab nicht Acht wohin. Der Kobold aber lief klappernd und keuchend hinter ihm her und rief immer zu: Warum hast Du mich in's Leben gerufen, wenn Du mich jetzt verlässest?

Aber der Bauer floh weiter, ohne sich auch nur einmal umzusehen.

Da packte ihn der Kobold mit seiner hölzernen Faust von hinten an die Schulter und schrie: Du hast Deinen Bund gebrochen, indem Du fortliefst. Dem Teufel hast Du Dich verschrieben, ohne daß Dir daraus jetzt irgend ein Nutzen erwächst. Mich hast Du freigegeben, ich bin nicht mehr Dein Knecht, will aber Dein Quälgeist sein und Dich peinigen bis zu Deiner Todesstunde!

Der Bauer stürzte sinnlos in seine Hütte, aber der Kobold folgte ihm von allen Uebrigen ungesehen nach.

Seit dieser Stunde mißrieth dem Bauer Alles, was er
anfing. Seine Aecker trugen nur Unkraut, sein Vieh kam immer
um, seine Dächer stürzten ein und wenn er irgend etwas anfaßte,
zerbrach es ihm unter der Hand. Weder Knecht noch Magd
wollten in seinem Hause dienen und endlich hielten sich alle
Leute von ihm fern wie von einem bösen Geiste, der überall
Unglück hinträgt, wo er sich zeigt.

Schon war der Herbst herangekommen und der Bauer sah
aus wie ein Schatten, als er eines Tages mit dem alten Michel
zusammentraf. Der Alte grüßte ihn und sah ihm spöttisch in's
Gesicht.

O, Du bist es? rief der Bauer grimmig. Gut, daß ich
Dich finde, Du Höllenhund! Wo sind nun Deine Versprechungen,
Dein Reichthum und Glück? Dem Teufel bin ich verkauft und die
Hölle habe ich schon auf Erden. Aber an Allem bist Du schuld!

Sachte, sachte! sprach der Alte. Wer hieß Dich denn mit
bösen Dingen spielen, wenn Du keinen Muth hattest? Ich
warnte Dich doch ernstlich. Aber Du hast Dich im letzten
Augenblick feige verkrochen und also den Kobold von seinem
Dienste freigemacht. Hättest Du es nicht gethan, so wärest Du
jetzt ein reicher und glücklicher Mann, wie ich's Dir voraussagte.

Aber Du hast niemals des Kobolds fürchterliches Gesicht
gesehen, als er in's Leben kam, sprach der Bauer ängstlich.
O, ich Thor, daß ich mich von Dir verführen ließ!

Ich habe Dich nicht verführt, sondern Dir nur gesagt, was
ich wußte!

So hilf mir jetzt!

Hilf Dir selbst, ich vermag es nicht. Sollte ich nicht mehr
über Dich klagen, als Du über mich? Ich habe Dich nicht
betrogen, aber wo bleibt mein Lohn und das gute Leben im
Alter, das Du mir versprachst? Du bist der Betrüger!

Schon gut, schon gut! Sage mir nur, wie ich mich retten kann, rathe mir, was ich thun soll. Ich will Alles erfüllen!

Nein, sprach der Alte, ich weiß keinen Rath mehr. Ich bleibe ein Bettler und das ist Deine Schuld. — Mit diesen Worten kehrte er um und ging davon.

So sei verflucht! schrie ihm der Bauer nach, dessen letzte Hoffnung verloren war...

Kann ich mich denn gar nicht mehr retten? sprach er weiter für sich. — Dieser Kobold, der mir wie Satan auf dem Nacken sitzt, ist doch nichts als mein eigen Werk, ein Ding aus Holz und Scherben. Den müßt' ich doch verderben können, wenn ich es richtig angriffe!

Er lief nach Hause, wo außer ihm jetzt kein Mensch wohnte. Da stand der Kobold in einer Ecke, grinste ihm entgegen und fragte: Wo ist mein Essen?

Was soll ich Dir geben, um Dich loszuwerden?

Wo ist mein Essen? Schnell das Essen herbei, ich bin hungrig!

Warte, Du sollst es gleich haben!

Darauf ergriff der Bauer wie von Sinnen einen Kienspahn, der beim Ofen brannte, lief damit ins Freie und schloß alle Thüren von außen ab.

Draußen war es eine kalte Herbstnacht. Der Sturm pfiff im nahen Kiefernwalde und es klang wie seltsame, seufzende Stimmen.

Nun brenne und brate, Du höllischer Geist! schrie der Bauer und warf das Feuer in's Dach, worauf die ganze Hütte bald in hellen Flammen stand.

Da lachte der Bauer wie toll und rief ohne Unterlaß: Nun brenne und brate!

Von dem hellen Feuerschein erwachten die Leute im Dorfe und eilten in Scharen zur Unglücksstätte. Sie wollten noch löschen und retten, aber der Bauer stieß sie zurück und sagte: Laßt's bleiben! Was kümmert mich das Haus, wenn Er nur umkommt. Er hat mich lang' genug gequält, jetzt will ich ihn auch plagen und dann kann noch Alles gut werden!

Die Leute sahen ihn auf diese Rede verwundert an. Da stürzte auch schon das Haus prasselnd zusammen und der Bauer schrie mit lauter Stimme: Aber jetzt ist er verbrannt!

Im selben Augenblick stieg der Kobold, dem Bauer allein sichtbar, aus dem rauchenden Feuerhaufen unversehrt und mit drohender Geberde empor. Kaum erblickte ihn der Bauer, als er mit einem gräßlichen Schrei zu Boden stürzte.

Was siehst Du? fragte ihn der alte Michel, der eben herangekommen war und lachend neben ihm stand.

Aber der Bauer gab keine Antwort mehr. Er war vor Schreck gestorben.

18. Wie der Wolf erschaffen wurde.

Als der Alte Gott[1]) die Welt und alle Thiere erschaffen hatte, frug er den Teufel: Meinst Du wohl auch, daß mein Werk lobenswerth sei? Oder glaubst Du, daß es noch an einer wichtigen Pflanze oder einem nützlichen Thier fehle, oder daß die Berge nicht hoch genug und die Gewässer nicht tief genug seien?

Diese huldvolle Frage war dem Teufel ganz nach dem Sinn.

Er faßte sich ein Herz und antwortete: Tadel verdient Dein Werk wohl nicht, aber es will mich doch dünken, als ob ein Thier noch mangelte!

Welches denn? fragte der Schöpfer verwundert.

Nun, sprach der Teufel, ein solches Thier, welches den Wald schützen und hüten könnte, damit die übermüthigen Hirtenknaben nicht die Bäume schälten und die Aeste brächen und Hase und Ziege die jungen Triebe nicht benagten!

Habe ich denn nicht Bär und Schlange in den Wald gesetzt? sprach der Schöpfer.

Das hast Du freilich, sprach der Böse, aber wenn es Winter wird, so schlafen diese Wächter und dann ist es mir immer leid, wenn ich den Wald wie eine Waise ohne Beschützer sehe!

Dabei gedachte aber der Teufel selbst ein böses Thier zu schaffen, das die wehrlosen Geschöpfe Gottes würgen und überall Arges anstiften sollte.

Welch ein Thier fehlt denn Deines Bedünkens? fragte der Schöpfer.

Jenes Thier, das ich selbst erschaffen möchte, wenn Du es erlaubst, sprach der Teufel bittend.

Es sei, sagte der Schöpfer, und ich will nichts dawider haben!

Aber um etwas bitte ich Dich noch! sprach der Teufel weiter. Sieh, ich habe nicht die Macht, meinem Geschöpf das Leben zu verleihen. Wenn Du mir dazu einen Spruch gäbest, so würdest Du leicht merken, daß mein Geschöpf nicht schlechter gerathen wird, als die Deinen.

Auch das will ich erfüllen! Wenn Du Dein Geschöpf fertig hast und ihm Mund und Augen auf dem rechten Fleck sitzen, so rufe: Steh auf und verschlinge den Teufel!

Oho, damit wird es noch gute Weile haben! brummte der Teufel für sich und ging weg in einen tiefen Wald. Hier las er Steine und altes Schuhwerk, Ruthen und Moos auf und trug auch noch von der Dorfschmiede zwei glühende Funken und einen Haufen eiserner Nägel herbei.

Darauf ging er an's Werk. Den Rücken des Thieres schuf er aus einem derben Zaunpfahl und den Kopf aus einem Baum=stumpf, flocht die Brust aus Ruthen und Schuhleder zusammen und baute die Lenden aus Backsteinen auf. Aus einem Farn=wedel²) machte er dem Thier einen Schweif und aus Erlenklötzen die Füße; in die Brust aber setzte er ihm einen Stein als Herz. Nun bezog er noch den Körper mit Moos und setzte die glühenden Funken als Augen, die Nägel aber als Krallen und Zähne ein.

Als er so den Leib des Thieres erschaffen hatte, da freute sich der alte Teufel über alle Maßen und gab ihm den Namen Wolf.

Aber eine Seele hatte der Wolf noch nicht.

Da fiel dem Meister der Spruch Altvaters ein und er schrie: Wolf, stehe auf und verschlinge — — — Da erhob der Wolf seinen Kopf und schmatzte mit der Zunge.

Darüber bekam der Teufel einen solchen Schreck, daß er kein Wort weiter herausbrachte. Aber bald besann er sich wieder auf sein böses Werk und rief hastig: Wolf, stehe auf und ver=schling' den Alten Gott!

Aber der Wolf lag still und rührte nicht einmal seinen Schweif. Wohl sagte der Teufel seinen Spruch zehnmal her, aber der Wolf achtete dessen nicht.

Nun ging der Teufel zum Schöpfer zurück und rief: Der Spruch, den Du mir gabst, ist nicht der rechte, denn der Wolf will nicht aufstehen!

So? sprach der Schöpfer, hast Du denn gerufen: Steh auf und verschlinge den Teufel?

Diese Rede hatte der Teufel nicht erwartet, konnte also kein Wort antworten und mußte in Schanden wieder abziehen.

Wohl probirte er es noch ferner und rief: Wolf, steh auf und verschling' den Alten Gott! Aber es half Alles nichts.

Darauf lief er eine weite Strecke von dem Wolf weg und schrie: Wolf, steh auf! — und fügte dann ganz leise hinzu: Verschling' den Teufel!

Du meine Güte, wie der Wolf jetzt aufsprang! Wie der Wind war er hinter dem Teufel her und hätte ihn gewißlich daselbst erwürgt, wenn der Teufel nicht unter einen großen Stein geschlüpft wäre.[3])

Seitdem ist der Wolf des Teufels ärgster Feind und sucht absichtlich alle Gelegenheit, den Bösen zu ängstigen und zu kränken. Sein Rückgrat ist steif wie ein gerader Zaunpfahl, Krallen und Zähne spitz wie Eisennägel und sein Fell mit dichten Haaren bedeckt. Die Augen glühen ihm aber wie zwei Feuerfunken im Kopfe. Auch ist sein Herz wie aus Stein, wenn er die un= schuldigen Lämmer raubt und mordet. Wirft man ihn mit einem Stein, so wird er wüthend; trifft es sich aber, daß ein Hirten= knabe ihn mit der Ruthe schlägt, so schämt er sich dessen so sehr, daß er drei ganze Jahre lang dieser Herde nicht nahe kommt. Wenn Du ihn aber im Herbst mit feurigen Augen an der Wald= lichtung sitzen siehst, so ist es gewiß, daß er nach dem alten Bösen auf der Lauer liegt.

---

19. Was der Wolf fressen darf.

Der Wolf litt großen Hunger.

In seiner Noth kam er zum Alten Gott und bat um Speise.

Der Alte Gott fragte ihn: Was möchtest Du denn fressen?

Darf ich das anfallen, was Wolle und Hufe trägt?

Nein, das darfst Du nicht, denn es ist mein allerfrömmstes Thier!

Darf ich die Schnauzenträger rauben?

Nein, auch nicht, denn sie sind die Hauswächter der Menschen! Was soll ich denn aber nehmen und essen? heulte der Wolf.

Von jedem Bauernhof, wo Brot gebacken wird, sollst Du einen Laib erhalten, sprach der Alte Gott. Bist Du mit diesem Essen zufrieden?

Juchhei! schrie der Wolf, das ist mir recht! und ging seines Weges.

Jetzt führte Isegrim ein herrliches Leben. Er schlang und schlief, wie es nur ein reicher Faulpelz thut.

Einer Bauernfrau war es aber leid um das Brot, das der Wolf jedes Mal erhielt. Als er nun wiederkam, warf sie ihm statt des Brotes einen glühenden Stein vor.

Der Wolf versengte sich das Maul und lief heulend und fluchend in den Wald. Seitdem hat er auch einen schwarzen Rachen.

Dann kam er wieder zum Alten Gott, klagte ihm seine Noth und sprach:

Für Brot gab man mir einen glühenden Stein, woran ich mir das Maul versengte. Da getraue ich mich nicht mehr hin! Was soll ich aber jetzt essen?

Nun, wenn die Dinge so stehen, sprach der Alte Gott, so darfst Du überall einbrechen, wo Rauch aufsteigt und eine Thür angebracht ist.

Seitdem würgt auch der Wolf Alles nieder, was ihm nur in die Krallen fällt.

---·---

20. Die Speisung der Wölfe.

Ein Bauer aus Wanamois [1]) fuhr an einem späten Winter=abend aus dem Städtchen Leal heimwärts. Sein Rößlein trabte bedächtig fürbaß und der Mann im Schlitten hatte sich bequem auf die Seite gestreckt. Wie er ein Stück Weges im

Walde weiter gekommen war, vernahm er plötzlich ein lautes
Wolfsgeheul. Der Mann gab anfangs nicht sonderlich Acht
darauf und fuhr in seinem Trott weiter. Da schien es ihm
aber, als ob eine kleine Strecke vor ihm viele Menschen mit
Lichtern auf= und niederwanderten; doch konnte er im Schatten
des Waldes nichts Anderes erkennen. Als er nun kurz darauf
mit dem Roß in's Freie gelangte, wie erschrak er da! Zu beiden
Seiten des Weges erblickte er ein großes Rudel Wölfe, die
den Rachen zum Himmel weit aufgesperrt hielten, öfters mit
lautem Geheul nach oben sprangen und dazwischen mit dem
Maule schmatzten. Bisweilen schien es auch, als ob irgend
etwas vom Himmel fiele, was sie mit großer Gier auffingen.

Wie nun die Wölfe so von beiden Seiten des Weges den
Mann umringt hielten, sträubte sich sein Haar vor Entsetzen
und er wußte nicht, was er beginnen sollte. Ob vorwärts
oder rückwärts — den Wölfen war er so nah, daß er nicht
hoffen konnte zu entkommen, da sie ihn augenblicklich gefangen
hätten. Eine gute Weile hielt er mit Pferd und Schlitten still
und wagte nicht sich zu rühren. Endlich wuchs ihm doch etwas
der Muth, er befahl seine Seele Gott, betete ein Vaterunser
und hieb dann heftig auf das Pferd ein. In sausendem Galopp
sprang es vorwärts. Die Wölfe drehten den Kopf zum Manne
hin und heulten weiter. Sie waren so eifrig bei ihrem Fange,
daß sie seiner nicht achten mochten. Als er ein tüchtig Stück
von ihnen weg war, wagte er es endlich sich umzusehen. Da
erblickte er einen einzigen Wolf auf dem Wege, der dem
Schlitten nachlief, die anderen saßen auf ihrem alten Platze
und heulten weiter. Der Wolf sprang zwar den Schlitten
nicht an, wich aber auch nicht zurück. Da er nun den einen
Feind nicht fürchtete, so fuhr der Bauer in ruhigem Trabe
vorwärts und gelangte glücklich auf seinen Hof, der Wolf

aber lief ihm bis an die Pforte nach. Als nun der Bauer sich anschickte seine Vorräthe aus dem Schlitten zu heben, gerieth ihm ein viereckiges Ding in die Hand, das wie ein Schleifstein aussah. Da fiel ihm ein, daß die Wölfe bisweilen vom Himmel gespeist würden. So mochte wohl auch das seltsame Ding im Schlitten des Wolfes Antheil sein, wonach er gelaufen. Nimm's hin, wenn es Dir gehört! sprach er und warf das Ding dem Wolfe vor. Der schnappte es gierig auf und verschwand. [2])

---

21. Der Wolf als Beschützer.

An einem schönen Sommerabend ging ein junges Weib in's Nachbardorf zu Gast. Leichtfüßig schritt sie ihres Weges dahin und hatte mit der Hand ihre Schürze zusammengefaßt, denn da lagen die gekochten Eier verwahrt, die sie der Mutter zum Geschenk bringen wollte.

Unterwegs dünkte es die junge Frau, als bewegten sich die Eier in der Schürze. Sie kümmerte sich aber nicht weiter darum, denn sie meinte, es käme von ihrem schnellen Gange, und schritt rüstig weiter.

Plötzlich begann Piker heftig zu donnern und der Regen floß in Strömen nieder. Bisweilen krachte und rasselte aber der Gott so gewaltig über den Himmel hin, [1]) daß die Erde erbebte und die Blitze wie feurige Schlangen niederliefen.

Müde und ängstlich machte das junge Weib endlich unter einer großen Fichte Halt. Das Gewitter ward immer ärger und die Blitze immer häufiger, so daß die Frau ihre Augen nicht mehr zu öffnen wagte.

Zur selben Zeit fühlte sie deutlich, daß die Eier in ihrer
Schürze sich bewegten, als ob sie Jemand gegen einander rollte.
Sie getraute sich aber nicht in die Schürze zu sehen.

Endlich schlug sie die Augen auf und erblickte einen unge=
heuren Wolf vor sich, der unverwandt nach ihrer Schürze
starrte. Da erlahmten ihre Hände im Schreck und ließen die
Schürze fallen. Siehe, da sprang eine schwarze Katze aus der
Schürze hervor²) und lief davon, der Wolf aber fegte wie der
Wind ihr nach.

Eine gute Zeit vernahm noch die Frau das Getrappel des
Wolfes, dann ward Alles still.

Auch Regen und Gewitter hatten sich verzogen. Freundlich
wie zuvor schien der Mond hernieder, als wenn in den Lüften
kein Aufruhr geherrscht hätte. Jetzt fand auch die Frau zu ihrer
Verwunderung ihre ganze Kleidung trocken und auf dem Felde nicht
eine Wasserlache. Sie war aber um eine Werst vom Wege abge=
kommen und an den Wald gerathen. Nun las sie ihre Eier wieder
auf, that sie in ihre Schürze und machte sich auf den Weg.

Im Dorf erzählte sie das Erlebniß ihrer Mutter. Die
Alte sagte ihr aber, der Teufel selbst sei es gewesen, der ihr
nachgestellt und einen bösen Streich mit ihr im Sinn gehabt
habe. In solchen Nöthen sei aber der Wolf sogleich als Helfer
bei der Hand, denn er könne den Teufel und seine Tücke nicht
um Alles in der Welt leiden.

───── •·• ─────

22.   Die Hündlein des heiligen Georg.¹)

Ein Mann hatte sich mit seinem Fuder Fische vom Strande
auf den Weg nach Hause gemacht. Weil ihn aber die Dunkel=
heit überraschte, so trieb er sein Roß in den Wald und wollte

da über Nacht bleiben. Er machte ein Feuer auf und begann ein Gericht Fische zu braten. Da sah er aus dem Walde einen langen schwarzen Mann heraustreten und geradewegs auf sein Feuer zukommen. Der Bauer erschrak und wußte nicht was er thun sollte. Er wollte fragen, wer er sei, konnte aber kein Wort herausbringen.

Der schwarze Mann stand eine Weile still und sagte dann: Geh, hol mir aus dem Walde einen Bratspieß! Ich will mir auch Fische braten!

Der Bauer that wie ihm befohlen und trug einen Spieß herbei, so dick wie ein Wagenseil.

Der ist zu dünn, sprach der fremde Mann. Geh, schaff' einen anderen!

Darauf trug der Bauer einen Spieß wie eine Deichsel herbei.

Noch zu dünn, hol' einen anderen! sagte der schwarze Gast.

Jetzt schaffte der Bauer einen Spieß aus dem Walde herbei, der war so dick wie ein derber Pfahl.

Sieh' mal an, der ist mir gerade recht! sprach der unheimliche Fremde. Dann machte er sich über den Pfahl her und schnitt das eine Ende spitz zu. Dabei blickte er immer auf den Bauer hin, als wolle er ihm das Maß nehmen.

Nun erst verstand der Arme des schwarzen Mannes Absicht. Denn der Schwarze machte sich den Spieß zurecht, woran er den Bauer wie einen Fisch braten wollte.

Der Bauer wußte nicht, wie er sich retten sollte. Da schrie er aus Leibeskräften: Sanct Georg's Hündlein, zu Hilfe! Sanct Georg's Hündlein, zu Hilfe!

Im selben Augenblick standen neun Wölfe [2]) auf dem Platz.

Der schwarze Mann, der kein andrer war als der Böse selbst, kroch geschwind in die Nabe am Wagenrade.

Die Wölfe liefen schnüffelnd um den Wagen herum wie
Hunde und wichen nicht vom Platz. Der Bauer aber zog das
Rad von der Achse und stach mit einem Stock aus Ebereschen-
holz [3]) in die Nabe. Flugs war der Teufel heraus und die
Wölfe hinter ihm her und weiß kein Mensch, ob er mit heiler
Haut davon gekommen ist.

Der Bauer aber segnete die Wölfe, die ihm in der Noth
geholfen hatten.

---

23.   Des Wolfes Mißgeschick.

Vorzeiten wurden die Wölfe vom Himmel gespeist. Es
traf sich aber einmal, daß ein Wolf ohne Speise blieb. Da
frug er denn Altvater: Wer giebt jetzt mir zu essen?

Altvater sprach: Mach' Dich auf den Weg und was Dir
zuerst begegnet, das verschlinge!

Der Wolf machte sich auf. Da kam ihm ein alter Bettler
entgegen.

Der Wolf sprach: Altvater sagte mir: Mach' Dich auf und
was Dir zuerst begegnet, das verschlinge! — Komm also her
und such' keine Ausflucht!

Aber der Bettler jammerte: Was hast Du von mir altem
Manne? Bin ja dürr und saftlos wie eine Fichte. Geh weiter,
so wird Dir sicherlich ein fetterer Bissen zufallen!

Der Wolf überlegte es sich und sprach: Nun gut, ich will
weiter gehen!

Und so zog er weiter.

Da kam ihm eine fette Sau mit einer Herde Ferkel entgegen.

Ei wie ward dem Wolfe wohl zu Muthe! Das Wasser
lief ihm schon im Maul zusammen und er rief: Altvater hieß

mich gehen und sprach: Was Dir begegnet, das verschlinge! —
Komm also her und such' keine Ausflucht!

Die Sau antwortete: Ich will es gewiß thun, aber taufe
zuvor meine Kinder!

Wie soll ich das thun? frug der Wolf.

Wirf sie eines nach dem anderen in den Fluß! sagte die Sau.

Meinetwegen! sprach der Wolf und warf die Ferkel der
Reihe nach in den Fluß.

Als er das letzte hinabgeworfen, sprang die Sau selbst
hinterdrein und schwamm mit ihrer Herde an das andere Ufer.

Der Wolf starrte ihr offenen Maules nach und schalt sie
eine Betrügerin. Aber es half ihm nichts, denn sie zog lachend
ihres Weges.

Wie nun der Wolf weiter trabte, kam ihm ein stämmiger
junger Bursch entgegen.

Der Wolf sprach: Altvater hieß mich gehen und sagte: Was
Dir begegnet, das verschlinge! — Komm also her und such'
keine Ausflucht!

So friß mich, sprach der Mann, aber wart', zuvor will ich
gehörig messen, wie ich in Dich hineingehe, ob auf einmal, oder
zu zweien Malen!

Wie willst Du denn messen? knurrte der Wolf.

Warte nur, bis ich das Maß habe! sprach der Bauer und
schaffte aus dem Walde einen tüchtigen Knüppel herbei.

Darauf fing er an zu messen, kam zum Maul des Wolfes
und sprach: Mäulchen, hier muß ich hinein, — Zähne, ihr
werdet mich zerreißen!

Der Wolf vernahm es mit Freuden und der Bauer sprach
weiter: Bäuchlein, Bäuchlein, da find' ich meinen Platz,
Schwänzchen, Schwänzchen . . . .

Dabei packte er den Wolf hinten am Schwanze und begann mit dem Knüppel hagelbick auf ihn einzuschlagen. Der Wolf heulte erbärmlich und bat um Gnade, aber der Bauer schlug immerfort zu, bis er ihm das Haar von den Rippen gedroschen hatte. Da zerrte der Wolf sich los und entfloh, der Bauer aber rief ihm nach:

Rippenkahler, nimm Dich in Acht,
Nächstens wirst Du noch besser bedacht!

Im Walde rief der Wolf alle seine Verwandten zusammen, erzählte ihnen sein Mißgeschick und bat sie um Hilfe. Darauf eilte die ganze Schar dem Burschen nach. Als er sie kommen sah, sprach er: Jetzt wird's ernst! Da will ich doch lieber auf die Fichte klettern!

Und das that er auch. Die Wölfe aber kamen unter den Baum, starrten hinauf und hielten Rath, wie sie ihn fingen.

Endlich sagte ein alter Wolf: Wir müssen einer auf den anderen steigen, dann wird der oberste den Bösewicht leicht ergreifen!

Damit stimmten Alle überein. Der hungrige Wolf warf sich zu unterst auf den Boden und nun sprang einer auf des anderen Rücken, bis der Haufen fast schon an den Mann reichte. Nur ein einziger Wolf fehlte noch, so wäre der Bauer verloren gewesen.

Da meinte der schlaue Bauer, jetzt wäre es gerade an der Zeit, und schrie von oben mit lauter Stimme:

Rippenkahler, nimm Dich in Acht,
Nächstens wirst Du wohl umgebracht!

Als der unterste Wolf das vernahm, riß er sich eiligst los und floh davon. Der ganze Haufen aber stürzte um und brachen sich viele Wölfe Arm und Bein, so daß sie schimpfend und schreiend ihrem Gefährten nachhinkten. Der Bauer kletterte indeß gemächlich herab und ging seines Weges.

Diesen Schaden kann der Wolf noch heutigen Tages nicht vergessen und läuft davon, sobald er nur einen Menschen gewahrt.

------•------

24. Der Peipus-See. [1]

Vorzeiten herrschte einmal bei uns zu Lande ein mächtiger und ruhmvoller König mit Namen Karkus. Damals hausten noch grimmige Bären und Ure in den dichten Wäldern, Elenthiere und wilde Pferde durchbrachen schnellfüßig das Gestrüpp. [2] Noch waren aus fernen Landen weder Kaufherren auf ihren Schiffen, noch Kriegsheere mit scharfen Schwertern zu uns gekommen, um das Kreuz des Christengottes aufzurichten, und noch lebte das Volk in voller Freiheit.

Das Haus des Königs Karkus war aus köstlichen, funkelnden Steinen erbaut und leuchtete fern hinaus wie Gold in der Sonne. Des Königs Schloß lag vor dem heiligen Hain, wo drei gute weiße und drei schwarze böse Götter wohnten. [3] Allda lebte der König mit seinem Hofgesinde. Die Feinde fürchteten ihn sehr, sein eigenes Volk aber liebte ihn wie einen leiblichen Vater.

Obgleich der König Gold und Ehre die Fülle besaß, fehlte ihm doch etwas an seinem vollen Glücke, denn sein Weib hatte ihm kein Kind geschenkt. Da gelobte er den weißen Göttern unermeßliche Opfer, wenn sie sein Gebet erhörten und seinen Wunsch erfüllten. Und siehe, nach sieben Jahren ging sein Gebet in

Erfüllung. Die Königin gebar ihm ein Kinderpaar, einen
Knaben, so rasch und klug wie der Vater, und ein Töchterchen
mit goldenem Haar und Augen wie die blauen Primeln, das
schon in der Wiege der Mutter entgegenlächelte. Voll Freuden
gab der König den weißen Göttern große Opfer nach seinem
Gelöbniß. Die schwarzen Götter aber, die sich auch aller Ehren
werth hielten, ergrimmten in ihrem Herzen, weil der König sie
so verachtet hatte. Darum gingen sie hin zum Geist des Todes
und reizten ihn, den Königssohn mit seinen bösen Blicken anzu-
schauen und zu verderben.

Indessen gedieh der Knabe zusehends und ward die Freude
seiner Eltern. Wie er aber schon die ersten Worte lallen
konnte, da traf ihn der böse Blick des Todes. Von Stund an
welkte er hin und mußte endlich sterben. Sein Schwesterchen
aber, mit Namen Rannapuura, blieb am Leben und blühte
wie ein Röschen auf, zur Freude ihrer Eltern, deren einziges
Kind sie jetzt war.

Aber der Haß der Bösen war von dieser halben Rache
nicht gesättigt. Darum wußten sie es anzustellen, daß die Königstochter, als sie sieben Jahre alt geworden, in die Gewalt der
bösen Hexe Peipa fiel. Die Hexe führte Rannapuura mit
sich fort in ihr schreckliches Haus, das in Ingermannland unter
einem hohen Bergrücken mitten in einem Felsen lag. An diesem
schrecklichen Orte mußte das arme Königskind zehn Jahre seines
Lebens vertrauern. Wie hart ihm aber auch sein Leben unter
der rauhen Hand der Hexe war, so gedieh es doch und wuchs
auf, bis es zur Jungfrau gereift war. Da sah man auf der
ganzen Welt keine, die so schön gewesen wäre wie Rannapuura.
Wie die Morgenröthe in der Frühe des Tages tief an den
Grenzen des Himmels röthlich erglänzt und ein heiteres Wetter
verkündet, so strahlte ihr sanftes Gesicht in stiller Ruhe und

aus ihren Augen konnte man merken, daß sie eines Engels Herz in der Brust trug.

Der König wußte wohl, wo seine Tochter gefangen saß; das hatte ihm ein guter Geist verkündet. Aber wie mächtig er auch war, konnte er doch nichts gegen die List und Bosheit der Peipa ausrichten. So gab er schon die Hoffnung auf, seine Tochter aus dem Ort ihrer Qual zu befreien. Endlich erbarmten sich die weißen Götter des Königskindes und seiner Eltern, denn der König flehte sie gar beweglich an und brachte ihnen reichliche Opfer. Aber auch die Götter wagten es nicht, gegen die mächtige Peipa offen auszuziehen. Darum versuchten sie es mit List. Sie sandten heimlich eine Taube, die im himmlischen Dienste stand, zu Rannapuura mit einem Silberkamm, einer Hechel, einem großen Apfel und einem schneeweißen Linnen und ließen ihr sagen: Hebe die vier Gaben der weißen Götter wohl auf und fliehe aus Deinem Kerker, so bald Du nur kannst! Wenn Dich aber die Peipa verfolgt, so rufe die weißen Götter an und wirf zuerst den Kamm hinter Dich; wenn das nichts hilft, so laß die Hechel fallen, achtet sie aber auch dessen nicht und bleibt Dir auf der Ferse, so wirf den Apfel und endlich das Linnen hinter Dich. Merke auch wohl auf beim Werfen, daß Du die Gaben nicht vertauschest!

Rannapuura gelobte der Taube Alles zu behalten, was sie thun sollte, dankte den weißen Göttern und sandte die Taube heim.

Als die Peipa am ersten Dienstag nach Neumond um die Mitternachtsstunde rittlings auf einen alten Besen sprang, wie es die Hexen in Ingermannland und bei uns alljährlich am dritten, sechsten, neunten und zwölften Neumond zu thun pflegen, und so von Hause stob, schlüpfte die Jungfrau früh vor dem Morgenroth aus ihrer Kammer und nahm die vier

Gaben der Götter mit sich auf den Weg. Sie lief gerade den
Weg nach ihres Vaters Schlosse vorwärts, so schnell sie konnte.
Zu Mittag, als sie schon ein gut Stück Weges gegangen war
und einmal umblickte, sah sie mit Schrecken, daß die Hexe Peipa
ihr nachsetzte. In der Rechten schwang sie drohend eine eiserne
Ruthe und ritt auf einem ungeheuren Hahn, der dem Königskinde
bald auf der Ferse war. Da rief es laut die weißen Götter
an und warf den Silberkamm hinter sich. Augenblicklich ward
aus dem Kamm ein brausender Strom, tief und breit und viele
Meilen lang. Peipa schielte zornig der Fliehenden nach, die
auf dem jenseitigen Ufer des Stromes leichten Fußes weiter
eilte und sie weit hinter sich zurückließ. Aber nach einer Weile
fand die Hexe eine Furth durchs Wasser, eilte hinüber und war
bald wieder hinter der Jungfrau her. Nun ließ Rannapuura
die Hechel fallen und sieh, daraus wuchs ein Wald, so dicht
und hoch, daß auch die Hexe auf ihrem Höllenroß nicht gerade
hindurch konnte und also einen ganzen Tag um den Wald herum
reiten mußte.

Zwei Nächte und einen Tag war die arme Königstochter
schon gewandert und hatte noch keinen Bissen Brod genossen
und kein Stündchen geschlummert. Da ging es mit ihrer Kraft
zu Ende und schon war ihr am zweiten Tage die Hexe dicht
auf der Ferse, als sie in ihrer Noth den Apfel niederwarf.
Daraus stieg ein unermeßlich hoher Granitberg auf. Ein
schmaler Pfad, wie von einer Schlange gezogen, wand sich bis
an seinen Gipfel hinauf und wies der Hexe den Weg. Bevor
sie aber drüben anlangte, war wieder ein Tag vergangen. Doch
die Königstochter war nur eine kurze Strecke weiter gekommen,
denn der Schlaf hatte ihr müdes Auge geschlossen und als sie
wieder erwachte und schon von fern das Schloß ihrer Eltern
erblickte, da war ihr auch die Hexe schon so nah, daß sie nimmer

zu entrinnen vermeinte. Voller Angst warf sie eilig das Linnen hinter sich zu Boden. Breit fiel es hin, fing an zu rauschen und schwoll auf zu einem mächtigen See, dessen schäumende Wogen die Hexe wild bedrängten. Ein brausender Sturm warf Wasser und Gischt der Hexe in's Angesicht; ihre Bosheit konnte sie nicht retten und auch nicht ihr Roß, der Höllenhahn. Wohl streckte er den Hals hoch aus dem Wasser, riß den Schnabel auf und schlug die Fluth mit seinen Flügeln, doch es half ihm nichts, er mußte elendiglich ertrinken. Peipa aber rief mit Flüchen alle Höllengeister zu Hilfe, doch keiner von ihnen erschien und heulend sank sie in die Tiefe.

Dort unten tobt sie noch heute in Qualen und Schmerzen. Hechte und andere schreckliche Thiere der Tiefe nagen an ihr und peinigen sie ohn' Ende. Sie schlägt mit Händen und Füßen um sich und reckt und streckt die Glieder in ihrer großen Noth. Daher kommt es, daß der See, der heute nach ihr der Peipus heißt, immer Wellen schlägt und stürmende Wogen wälzt.

Rannapuura gelangte glücklich in ihres Vater Schloß und ward bald darauf eines Königsohnes Gemahlin. Aber des Königs Karkus Namen trägt heute noch die Kirche zu Karkus und nach Rannapuura ist das Gut Rannapungern genannt, das nördlich am Peipus auf der Grenze zwischen Liv-land und Estland liegt. Der Fluß, der aus dem Silberkamm entstand, ist der Pliha-Fluß mit seinem glänzenden Wasser. Wer ihn heute kennt, begreift wohl seine Entstehung. Graden Lauf mag er nicht nehmen; er springt nach rechts und links auf und ab wie die Zinken an einem Doppelkamm, ergießt sich in die Narowa und fällt mit ihr vereint in's Meer. Auch der Hechel-Wald hat lange gestanden, bis vor zweihundert Jahren die Schweden mit den Polen in's Land kamen und Krieg führten.

Die Polen verbargen ſich im Walde, aber die Schweden zündeten ihn an und brannten ihn nieder. Der Berg aber, der aus dem Apfel der Königstochter aufwuchs, ſteht heute noch; nur ſein Granit iſt in Bruchſtein verwandelt.

* * *

25. Wie der See zu Eufeküll entſtand.

Vorzeiten hat es keinen See in Eufeküll [1]) gegeben; der iſt erſt ſpäter vom Gute Oiſo in Eſtland dahin getragen worden. Eines Tages zog von Norden eine große ſchwarze Wolke auf wie ein Sack und führte alles Waſſer aus dem Oiſo=See mit ſich. Vor der Wolke lief mit zornigem Gebrüll ein ſchwarzer Stier einher und oben in der Wolke flog ein alter Mann, der ohne Unterlaß ſchrie: See, nach Eufeküll! — Als der Stier gen Kerſel [2]) gekommen war, wo heute der Krug ſteht, ſtieß er wüthend ſein Horn in den Boden und warf mit den Hufen zwei tiefe Gruben auf, die Jedermann noch heute rechts am Wege vor dem Kerſelſchen Kruge ſehen kann.

Indeß ſchiffte die Wolke weiter und gelangte an den Ort, wo das Gut Eufeküll liegt. Zu dieſer Stunde waren gerade alle Leute auf der Wieſe und rechten Heu, und als ſie die ſchwarze Wolke aufſteigen ſahen, griffen ſie hurtig zu, um die Ernte noch trocken einzubringen. Jetzt ſtand die Wolke über ihnen. Da fiel zuerſt ein großes Meſſer mit hölzernem Griff herab, dann ſtürzten klatſchend allerlei Fiſche nieder und zuletzt begann es heftig zu regnen.

Eilig flohen die Leute vom Felde und ſuchten ein Obdach. Eine Dirne aber, die ihre Perlenſchnur auf einem Heuſchober

liegen hatte und sie holen wollte, versäumte die Rettung. Plötzlich
stürzten die Wogen des Sees von oben herab und begruben sie
unter sich. Seitdem wohnt im See zu Euseküll eine Nixe, die
alljährlich ein Menschenleben zum Opfer verlangt und so geschieht
es noch bis auf den heutigen Tag. ³)

———•———

26. Das versunkene Schloß.

Wo heute die Wellen des Korküllschen Sees ¹) rauschen, da
stand vorzeiten ein stolzes Schloß. Darin lebte ein reicher Herr
mit seiner Schwester, zu der sein Herz in unheiliger Leidenschaft
entbrannt war. Wohl lockte hoher Lohn einen Priester, die Ge=
schwister zu trauen, aber ohne des Papstes Dispens wagte er
den Frevel dennoch nicht. Der Freiherr sandte nun dem Papste
reiche Geschenke und empfing dagegen den Dispens. Voller Freuden
richtete er die Hochzeit her, lud alle Edelleute der Nachbarschaft
zum Fest und rief auch die jungen Bursche und Mädchen aus
den Dörfern herbei, denen er auf dem Schloßhofe ein prächtiges
Mahl bereitete. Als sie aber am Hochzeitstage den Schloßberg
hinaufzogen zum Mahl, trat ihnen ein alter grauer Mann ent=
gegen, und hieß sie umkehren. ²) Auf des Mannes Angesicht lag
ein so tiefer Ernst, daß Niemand sich getraute ihm zu wider=
sprechen. So kehrten sie um und zogen Alle heim.

Von den Vornehmen aber waren Viele gekommen und füllten
den Hochzeitssaal. Eben als der Priester sein Amt verrichten
wollte, trat der Oheim des Bräutigams vor den Freiherren hin
und ermahnte ihn mit herzlicher Rede von seinem sündhaften
Willen abzulassen. Der Bräutigam verlachte aber seines Oheims

Worte und wies des Papstes Brief und Siegel vor. Als er nun sah, daß der Bräutigam bei seinem Frevel beharrte, rief der Oheim aus: So empfanget das Verderben, die Ihr es suchet! Bei diesen Worten eilte er in's Freie, schwang sich auf sein Pferd und jagte davon.

Als er anderen Tages zum Hochzeitshause zurückkehrte, fand er den hohen Berg nicht mehr, auf dessen Gipfel das Schloß gestanden. Auf seiner einstigen Stätte wogte ihm ein breiter See entgegen, aus dessen tiefem Grunde noch die Spitzen der Schloß= thürme herausschauten. So war das Schloß versunken und ein See bedeckte für ewig den Ort der Sünde.

27. Die blaue Quelle.

Im Westen von der Kirche zu Lais[1]) liegt ein Bergrücken, dessen östlicher Theil im Volke der Willina=Berg heißt. Er fällt gegen Abend steil in's Land und der Paß, der über ihn hinführt und den höchsten Punkt aufsucht, wird von den Fuhrgäulen schwer erklommen. Auf den anderen Seiten steigt er aber sanfter an und ist voller Klüfte und sumpfiger Gründe, aus deren Tiefe auch im heißen Sommer das Wasser nicht ganz verschwindet. Von den Gründen ist einer der größte, siebenzig Klafter lang und fünfzig Klafter breit und steht beim Volke von Alters her in Ehren. Ein junger Erlenwald umgiebt ihn, Blaubeeren bewachsen seine Ufer und Moos bedeckt seine Oberfläche, die unter Regengüssen schwillt und schaukelt wie eine Wiege.

Aus diesem Sumpf entspringt eine Quelle und heißt nach ihrer Farbe die blaue Quelle. Von ihr glaubte das Volk, daß sie nach Gefallen Regen oder Dürre und also Mißwachs oder

Erntesegen geben könnte.[2]) Wenn Dürre im Lande herrschte, so mußten drei Wittwen gleichen Namens am Sonntag zur Zeit des Gottesdienstes hingehen, die Quelle reinigen und ihre Mündung breiter machen. Jede trug einen Spaten, Rechen, Haken, einen Brodlaib und ein Gesangbuch mit sich. Wenn aber zu oft Regen fiel, ward die Quelle bis auf einen kleinen Spalt zugeworfen und das half sogleich.

Einmal rissen drei Wittwen Anna die Quelle gar zu weit auf und gleich kam ein schrecklicher Regen über das Land. Darüber hatten die Weiber viel zu leiden, denn Jedermann im Volke verfolgte sie. Ein anderes Mal wanderten drei andere Weiber von fern her zur Quelle, um sie zu reinigen, als sie aber noch auf dem Wege waren und gegen Sootaga gelangten, verließ das Volk gerade die Kirche und kam ihnen entgegen. Also war ihre Reise vergeblich. Auch drei Wittwer gleichen Namens hatten sich einst zur Quelle aufgemacht. Da sie aber früh Morgens ausgezogen und schon vor dem Gottesdienste angelangt waren, gedachten sie im Kruge zu Sootaga die Zeit zu erwarten. Hier begannen die Männer zu zechen und trieben es so arg damit, daß sie die günstige Stunde versäumten.

Einst wollten die Leute wissen, wie tief die blaue Quelle wäre. Sie knüpften lange Seile an einander, banden einen Stein an's Ende und ließen das Seil in die Tiefe fallen. Als sie es wieder aufzogen, war der Stein verschwunden. Nun senkten sie einen Kessel hinab, der mit Steinen gefüllt war, wanden ihn nach einer Weile auf und nahmen mit Entsetzen wahr, daß an dem Seil ein blutiger Menschenkopf hing.[3]) Als sie es von Neuem versuchen wollten, rief eine Stimme aus der Tiefe: Wenn Ihr es noch einmal thut, so müßt Ihr Alle versinken![4]) So geschah es, daß die Tiefe der blauen Quelle unbekannt blieb.

28. Die zwölf Töchter.

Ein armer Taglöhner hatte zwölf Töchter, unter ihnen zwei
Paar Zwillinge. Die blühenden Mädchen waren alle frisch und
gesund und gar wohlgesittet. Wer aber die dürftigen Verhältnisse
der Eltern wahrnahm, dem mußte es unbegreiflich scheinen, wie sie
der großen Kinderschar Nahrung und Kleidung zu schaffen vermoch=
ten. Die Kinder waren tagtäglich gewaschen und gekämmt und
gingen immer in frischen, weißen Hemden einher[1] wie Herrenkinder.
Einige meinten, der Taglöhner halte sich einen heimlichen Schatz=
träger,[2] Andere hielten ihn für einen Hexenmeister, wieder Andere
für einen Windzauberer, der im Wirbelwinde verborgene Schätze
zusammenraffe.[3] In Wahrheit verhielt es sich aber ganz anders.
Des Taglöhners Weib hatte heimlich eine gute Fee, welche die
Kinder nährte, pflegte und sauber hielt. Als die Frau noch in
ihrem Mädchenstande auf einem fremden Bauernhof diente, sah
sie drei Nächte hinter einander im Traum, wie eine hohe Frau
auf sie zutrat und ihr befahl, in der Johannisnacht[4] zur Quelle
des Dorfes zu gehen. Sie hätte vielleicht den Traum nicht son=
derlich beachtet, wenn nicht am Johannisabend beim Feuer ein
Stimmchen ihr wie eine Mücke beständig in's Ohr gesummt hätte:
Geh zur Quelle, geh zur Quelle, wo die Ader Deines Glückes
rauscht! — Wenngleich sie nicht ohne einen gelinden Schreck den
geheimnißvollen Rath vernahm, faßte sie sich doch endlich ein
Herz, schlich aus der Schar der anderen Mädchen davon, die
auf der Schaukel und um das Feuer herum lärmten, und machte
sich zur Quelle auf. Aber je näher sie derselben kam, desto
stärker schlug ihr das Herz; sie wäre gewiß mitten auf dem Wege
umgekehrt, wenn ihr das Mückenstimmchen im Ohr Ruhe ge=
lassen hätte. So mußte sie unwillkürlich vorwärts. Als sie näher
kam, sah sie eine Frau in weißen Gewändern auf einem Stein

an der Quelle sitzen. Die Frau gewahrte wohl, wie ängstlich
das Mädchen herankam, erhob sich von ihrem Sitz, ging ihm
einige Schritte entgegen, bot ihm die Hand zum Gruß und sprach:
Fürchte Dich nicht, liebes Kind, ich will Dir nichts zu Leide
thun! Gieb aber Acht und merke Dir wohl, was ich Dir ver=
künde: In diesem Herbst wird man um Dich freien. Der Mann
ist so arm wie Du, aber laß Dich das nicht kümmern, sondern
nimm seinen Branntwein entgegen. 5) Ihr seid Beide brave Men=
schen, deshalb will ich Euch Glück bringen und Euch forthelfen.
Lasset nur nicht ab von Fleiß und Arbeit, sonst kann Euch kein
dauerndes Glück zu Theil werden! Nimm dies Säckchen und
stecke es ein; es sind nur einige Lägelsteinchen darin. 6) Nach
der Geburt Deines ersten Kindes wirf ein Steinchen in den
Brunnen, damit ich Dich zu besuchen komme. Wenn das Kind
zur Taufe geführt wird, so will ich zu Gevatter stehen. Von
unserer nächtlichen Zusammenkunft und Unterredung laß gegen
Niemanden etwas verlauten. Und so muß ich für diesmal Ab=
schied von Dir nehmen! — Mit diesen Worten war die wunder=
bare Fremde den Blicken des Mädchens entschwunden, als wäre
sie unter die Erde gesunken. Die Dirne hätte vielleicht auch
dieses Begebniß für einen Traum gehalten, wenn nicht das Säckchen
in ihrer Hand sie eines anderen belehrt hätte. In dem Säckchen
fand sie aber zwölf Lägelsteinchen.

Wie es die Frau in der Johannisnacht prophezeit, so erfüllte
es sich nachmals. Das Mädchen wurde im Herbst verheirathet
und der Mann war ein armer Knecht. Im nächsten Jahr brachte
die junge Frau ihr erstes Töchterchen zur Welt, rief sich in's
Gedächtniß, was ihr als Mädchen in der Johannisnacht begegnet
war, erhob sich heimlich aus dem Bette, ging an den Brunnen
und warf ein Steinchen hinab. Klatschend sank es in die Tiefe.
Im selben Augenblick stand die gute Fee in weißem Gewande

vor ihr und sprach: Ich danke Dir, daß Du Dich meiner erinnert
haft. Laß Sonntag nach vierzehn Tagen das Kind zur Taufe
bringen, dann will ich auch zur Kirche kommen und ihm zu Ge=
vatter stehen!

Als man nun das Kind in die Kirche brachte, trat eine
fremde Frau hinzu, nahm das Kind in die Arme und ließ es
taufen. Nach der Taufe band sie einen Silberrubel in die Windeln
des Kindes und gab es der Mutter zurück. Ebenso geschah es
später nach der Geburt eines jeden anderen Kindes, bis ihrer
ein Dutzend da waren. Nach der Geburt des letzten Kindes hatte
die Fee der töchterreichen Mutter gesagt: Von heute an wird
Dein Auge mich nicht mehr erblicken, wenn ich auch unsichtbar
täglich um Dich und Deine Kinder sein will. Bei dem Wasser
des Brunnens werden aber Deine Kinder besser gedeihen, als bei
der leckersten Kost. Naht die Zeit heran, daß Deine Töchter
sich verheirathen, so sollst Du einer Jeden den Silberrubel, den
sie von mir zum Pathengeschenk erhalten, als Mitgift in den
Brautkasten thun. In ihrem Mädchenstande soll nichts Anderes
ihr Schmuck sein, als Sonntags und Werktags die saubersten
Hemden und Tücher! —

Die Kinder wuchsen und gediehen, daß es eine Lust war.
Brot gab es fast immer in der Hütte des Taglöhners, bisweilen
wohl auch ein Süppchen oder dergleichen; aber am meisten schienen
Eltern und Kinder von dem Wasser des Brunnens gestärkt zu
werden. Die älteste Tochter ward an einen wohlhabenden Bauern=
sohn verheirathet. Wenngleich sie keine größere Mitgift hatte,
als einige armselige Kleidungsstücke, so wurde doch ein Braut=
kasten hergerichtet und die Kleider nebst dem Pathenrubel hinein
gethan. Als die Männer den Brautkasten auf den Wagen hoben,
fanden sie ihn sehr schwer und meinten, er wären wohl Steine
darin, da ja der arme Taglöhner sonst nichts an Hab und Gut

der Tochter mitzugeben hätte. Größer war aber das Erstaunen der jungen Frau, als sie im Hause ihres Mannes den Kasten öffnete und ihn mit ganzen Stücken Leinwand angefüllt fand und auf dem Grunde einen ledernen Beutel mit hundert Silberrubeln entdeckte. Ganz ebenso ging es darauf bei der Verheirathung der übrigen Töchter her, die nicht lange im Elternhause blieben, als es unter den Leuten bekannt geworden war, welch' eine Mit= gift der reiche Brautkasten jeder auf den Weg gab.

Aber einer der Schwiegersöhne war sehr habsüchtig und mochte sich nicht damit zufrieden geben, was ihm die junge Frau als Brautschatz im Kasten zugebracht. Wenn sie jeder Tochter so viel mitgeben können, dachte er, so müssen die Eltern zu Hause noch große Schätze verborgen halten! — Daher kam er eines Tages zum Schwiegervater zu Besuch und begann ihn wegen der Schätze zu drängen. Der Taglöhner sprach der Wahrheit gemäß: Ich habe keinen Heller hinter Leib und Seele! So konnte ich auch meinen Töchtern weiter nichts als einen Brautkasten mitgeben. Was eine jede in ihrem Kasten gefunden, rührt nicht von mir her, sondern ist das Pathengeschenk der Taufmutter, die jedem Kinde bei der Taufe einen Silberrubel schenkte. Diese edelherzige Gabe hat den Schatz im Kasten geheckt! — Der habsüchtige Schwiegersohn glaubte diesen Worten nicht und drohte vor Gericht anzuzeigen, daß der Alte ein Herenmeister und Windzauberer sei, der auf bösen Wegen große Schätze zusammengebracht habe. Der Taglöhner ließ sich die Drohung seines Schwiegersohnes nicht zu Herzen gehn, da er sich von einer solchen Schuld rein wußte. Aber der Schwiegersohn erfüllte seine Drohung und machte Anzeige vor Gericht. Nun ließ das Gericht die anderen Schwieger= söhne vorladen und verlangte zu wissen, ob jeder von ihnen so viel Gut als Mitgift erhalten? Die Männer bestätigten es, daß jeder einen vollen Kasten mit Leinewand und hundert Silber=

rubel empfangen habe. Das setzte Alle in Verwunderung, da
in der ganzen Umgegend die Armuth des Taglöhners bekannt
war, der keinen anderen Reichthum besaß, als seine zwölf hübschen
Töchter. Zwar wußten die Leute, daß diese Töchter von klein
auf stets reine, weiße Hemden getragen hatten, einen anderen
Schmuck aber, wie Spangen und Schnallen vor der Brust, oder
bunte Tücher um den Hals, hatte Niemand an ihnen bemerkt.
Die Richter beschlossen daher, der wunderlichen Sache auf den
Grund zu kommen und zu erforschen, ob der Alte wirklich ein
Hexenmeister sei.

Eines Tages zogen die Richter mit vielen Häschern aus der
Stadt, um die Hütte des Taglöhners mit Wachen zu umstellen,
damit Niemand die Flucht ergreifen, oder irgend etwas von den
Schätzen heimlich bei Seite schaffen könnte. Der habsüchtige
Schwiegersohn ward zum Führer genommen. Als sie an den
Wald gelangt waren, in dessen Schatten des Taglöhners Hütte
stand, stellten sie nach allen Seiten Wachen aus, damit kein lebendes Wesen davonkäme, bevor die Sache klar und offenbar wäre.
Auch die Pferde ließ man hier am Waldessaum zurück und ging
geraden Weges einen Fußpfad entlang auf die Hütte los. Der
Schwiegersohn als Wegweiser hieß sie leise auftreten und Schweigen
beobachten, da der Zauberer sonst auf Windesflügeln sich davon-
machen könne. Nach einer Weile standen sie schon nahe bei der
Hütte, als plötzlich eine wunderbare Helle durch die Bäume ihnen
entgegenschien. Wie sie weiter schritten, stieg ein großes, schönes
Haus von Krystall vor ihren Augen auf, darin brannten viele
hundert Kerzen, wenngleich draußen und drinnen der Sonnenschein
hell genug leuchtete. Zwei Krieger, ganz in Erz gehüllt und
lange bloße Schwerter in der Hand, standen als Wachen vor
der Thür. Die Richter wußten nicht, was sie von der wunderlichen Sache denken sollten, denn alles das schien ihnen mehr

einem Traum zu gleichen, als der Wirklichkeit. Da trat aber ein schöner Jüngling in seidenem Kleide aus der Thür und sprach: Unsere Königin hat befohlen, daß der oberste Richter vor ihr Angesicht beschieden werde! — Dem Richter war es zwar etwas bang zu Muthe, aber er schritt doch hinter dem Jüngling her über die Schwelle in's Gemach.

Wer vermöchte all' die Pracht und Herrlichkeit herzusagen, die sich da vor seinen Augen aufthat! In einem stolzen Saal, der so groß war, wie eine Kirche, saß in Seide, Sammet und Gold eine Frau auf einem Throne, einige Fuß tiefer aber hatten auf kleineren goldenen Sesseln zwölf schöne Jung= frauen Platz genommen, nicht minder prächtig geschmückt wie die Königin, doch trug keine gleich der fürstlichen Frau die Krone auf dem Haupt. Zu beiden Seiten des Saales standen in Scharen die Diener, alle in weißen seidenen Kleidern und mit goldenen Ketten um den Hals. Als der oberste Richter unter Bücklingen näher getreten, fragte ihn die Königin: Warum seid Ihr heute mit einer Schar von Häschern ausgezogen, als hättet Ihr nach Uebelthätern fahnden müssen? — Der Richter wollte antworten, aber der Schreck lähmte ihm die Zunge, so daß er kein Wörtchen herausbrachte. Da sprach die Königin weiter: Ich kenne die ganze Bosheit und die falsche Anklage wohl, denn meinen Augen bleibt nichts verborgen. Lasset den falschen An= kläger vortreten! Zuvor aber legt ihm Hände und Füße in Ketten, dann will ich ihm Gericht sprechen. Auch die anderen Richter und Häscher sollen eintreten, auf daß Alles offenbar werde und sie hernach Zeugen sein könnten, daß hier Niemandem Unrecht geschieht!

Einer von den weißgekleideten Dienern der Königin eilte hinaus um ihren Befehl zu vollziehen. Nach einer Weile führte man den verleumderischen Schwiegersohn herein; er war an Händen

und Füßen gefesselt und sechs geharnischte Krieger bewachten ihn.
Ihnen folgten die übrigen Richter und deren Knechte.   Dann
hub die Königin also an:

Bevor ich dem Verleumder nach Verdienst Urtheil und Recht
spreche, muß ich Euch kurz der ganzen Sache Hergang erklären.
Ich bin die oberste Wasserbeherrscherin [7]) und alle Quellen und
Adern, die aus der Erde sprudeln, stehen unter meiner Gewalt.
Des Windkönigs ältester Sohn war mein Liebster, [8]) da aber
sein Vater ihm nicht gestattete ein Weib zu nehmen, so mußten
wir zu seinen Lebzeiten unsere Ehe vor ihm geheim halten.   So
war es mir nicht möglich, meine Kinder zu Hause aufzuziehen
und deshalb vertauschte ich jedesmal, wenn die Frau des Tag=
löhners niederkam, ihr Kind gegen das meine. [9])   Des Taglöhners
Kinder wuchsen als Pfleglinge im Hause meiner Muhme auf.
Wenn die Zeit herankam, wo eine von des Taglöhners Töchtern
Hochzeit machte, so ward ein abermaliger Tausch vollzogen.
Jedesmal ließ ich in der Nacht vor der Hochzeit meine Tochter
abholen und dafür des Taglöhners Tochter hinbringen.   Der
alte Windkönig hütete schon lange das Krankenbett und merkte
nichts von unserem Betruge.   Am Tauftage schenkte ich jedem
Kinde des Taglöhners einen Silberrubel, der im Brautkasten
die Mitgift für kommende Tage hecken sollte.   Die Schwieger=
söhne waren auch alle mit ihren jungen Frauen und dem Braut=
schatz zufrieden, nur dieser ruchlose Nimmersatt, den Ihr hier
gefesselt seht, erhob falsche Klage wider seinen Schwiegervater,
in der Hoffnung, dadurch größere Schätze zu erlangen.   Vor
zwei Wochen ist der alte Windkönig gestorben und mein Gemahl
an seiner Statt zum Herrscher erhoben.   Jetzt bedürfen wir nicht
weiter der Heimlichhaltung unserer Ehe und unserer Kinder.   Hier
sitzen vor Euren Augen meine zwölf Töchter.   Ihre Pflegeeltern,
der Tagelöhner mit seiner Frau, haben bei mir das Gnadenbrot

und werden bei mir bleiben bis an ihr Ende. Aber Du, ruch=
loser Bösewicht, den ich in Ketten werfen ließ, sollst alsbald den
verdienten Lohn empfangen! Ich will Dich in Deinen Ketten
in einen Goldberg sperren lassen, damit Deine gierigen Augen
ohne Unterlaß das Gold schauen sollen, wovon Dir doch nimmer
ein Körnchen zu Theil werden wird. Siebenhundert Jahre sollst
Du diese Qual erleiden, bevor dem Tode Gewalt gegeben wird,
Dich zur Ruhe zu bringen. Das ist mein Spruch und Urtheil!

Wie die Königin also gesprochen, geschah ein Krachen gleich
einem heftigen Wetterschlag, daß die Erde erbebte und die Richter
sammt ihren Gesellen betäubt zu Boden fielen. Als sie aus ihrer
Ohnmacht erwachten, fanden sie sich im selben Walde, wohin ihr
Führer sie zuvor geleitet, wieder, aber da, wo noch eben das
herrliche Krystallhaus in Schönheit und Pracht gestanden, ließ
eine kleine Quelle ihr kaltes, klares Wasser dem Boden ent=
sprudeln. — Von dem Taglöhner, seiner Frau und von dem
habsüchtigen Schwiegersohn hat man später nichts vernommen
noch gesehen. Aber seine wohlhabende Wittwe nahm im Herbst
einen anderen Mann, mit dem sie glücklich lebte bis an ihr Ende.

Sagen über die Entstehung von Kirchen.

29. Die Kirche zu St. Olai.

Vor langer Zeit war Reval noch ein geringes Städtchen. Es konnte und wollte nicht gedeihen. Handel und Wandel mangelte ihm und tiefer im Lande wußte man nichts von Reval. Selbst eine Kirche fehlte noch im Städtchen. Wohl wünschten die Bürger ihrer Stadt einen Namen zu machen, wußten aber kein Mittel dazu. Sie setzten zwar mancherlei in's Werk, Alles aber schlug ihnen fehl. Endlich kam Einem unter ihnen ein guter Einfall: er hieß sie eine Kirche bauen, deren Gleichen nicht mehr im Lande wäre. Dieser Rath gefiel Allen wohl. Nach vielem Suchen und Forschen fanden sie den weisen Meister Olaf, der gegen unermeßlichen Lohn den Bau der Kirche übernahm und ihr einen so hohen Thurm zu setzen versprach, wie ihn noch keines Menschen Auge zuvor gesehn. Ohne Verzug ging er an die Arbeit und förderte sie in solcher Eile, daß er in Kurzem sein Werk fast schon vollendet hatte. Die Kirche war groß und schön und lobten sie Alle, die sie sahen, zumeist aber staunten sie über den hohen Thurm. Nun war es schon so weit mit dem Bau, daß nur das Kreuz auf der Spitze des Thurmes noch fehlte. Diese Arbeit wollte Olaf keinem Anderen anvertrauen. Er selbst gedachte das Kreuz auf die Spitze zu setzen und so sein Werk zu krönen, damit aller Ruhm und Dank ihm allein zufalle. Dann sollte er auch seinen Lohn von den Bürgern erhalten. Als er sich zu Hause zum letzten Werke rüstete, rief sein Weib voll Freuden aus: Heute kehrt Olaf heim und führt tausend Tonnen Goldes mit!

Glücklich richtete Olaf das Kreuz auf dem Thurme auf, doch kaum war es geschehen, da glitt er aus und stürzte von oben in die Tiefe. Wie er unten auf dem Boden aufschlug, sprang ihm eine Kröte und eine Schlange aus dem Munde. Auf diesem Platze ward Olaf auch begraben und sie setzten ihm einen Stein, darein sein eigen Bildniß mit Kröte und Schlange gehauen war. Die Kirche aber nannte das Volk seitdem die Olai=Kirche, zum Gedächtniß ihres weisen Erbauers. ¹)

Je mehr aber alles Volk sich des herrlichen Gotteshauses freute, um so mehr verdroß das den Teufel. Lange zerbrach er sich den Kopf darüber, wie er es anfinge, die Kirche zu zerstören. Wenn er ihr nur hätte nahe kommen können, so wäre es ihm ein Leichtes gewesen; aber das durfte er nicht. Da fiel ihm endlich ein Mittel ein, wie er es von fern thäte. Er suchte sich in Pernau eine derbe Schleuder, raffte einen mächtigen Stein auf, preßte ihn in die Schleuder und nahm einen Ansatz. Wie er nun gerade die Schleuder umwirbelte, zerriß sie unter der Last des ungeheuren Steines, aber der Stein flog dennoch über die Hälfte seiner Bahn fort, bis er auf dem Felde beim Gute Ruil, an der Straße, die von Pernau nach Reval führt, liegen blieb. Und da ruht des Teufels Schleuderstein noch eben.

30. Die Kirche zu Pühalepp.

Vor Ankunft des Christenthums in unserem Lande stand auf
der Insel Dagö ein großer Erlenhain, wo das Volk den Göttern
opferte und Feste feierte. Als das Christenthum sich ausbreitete,
ward der ganze Hain niedergehauen. Nur ein uralter herrlicher
Baum blieb stehen. Bei diesem Baum wollte das Volk von Dagö
die neue Kirche errichten, die Kreuzfahrer stritten aber heftig
dagegen. Darüber entstand zwischen ihnen ein Hader und weil
Niemand nachgeben wollte, drohte der Krieg auf's Neue auszu=
brechen. Da gab ihnen ein Mann aus dem Volke einen guten
Rath, mit dem auch die Kreuzfahrer zufrieden waren. Sie sollten
zwei Ochsen anschirren, den Wagen mit dem Bauholz der Kirche
beladen und dann die Ochsen gehen lassen, wohin es sie gelüstete.
Wo sie aber stehen bleiben würden, dahin sollten sie die Kirche
setzen. ¹)

Nun trieb aber der Mann die Ochsen zuvor zum Erlenhain,
wo ein reichliches Gras wuchs, ließ sie da eine Weile fressen
und führte sie dann zurück zum Wagen in's Geschirr. Kaum
waren sie geschirrt und konnten gehen, wohin sie wollten, da
eilten sie sogleich zurück zum Rasen bei dem heiligen Hain, machten
Halt und fingen an zu fressen. Auf dieses Zeichen konnten auch
die Kreuzfahrer nichts mehr ausrichten und mußten es zufrieden
sein, daß die Kirche beim alten Baum errichtet werde. Als sie
aber vollendet war, ward sie vom Volke nach der heiligen Erle
die Kirche zu Pühalepp ²) genannt.

Die neue Kirche war dem Bösen ein Dorn im Auge.
Darum gedachte er sie mit Steinwürfen zu zerstören. In einer
Nacht klomm er mit zwei gewaltigen Steinen auf den Apfelberg
und begann zu werfen. Am Tage hatte er sich die Lage der
Kirche genau gemerkt und hoffte nun sicher, daß er an zwei

Steinen genug haben werde, um sie zu treffen. Da er aber die Kirche im Finstern nicht sah, warf er doch ein wenig fehl. Der erste Stein fiel dicht an der Kirche nieder, der andere etwas weiter. Da aber der Teufel kein Gepolter von den stürzenden Mauern hörte, sprang er auf seine Mähre, ritt hin und wollte sehen, wie es damit stände. Schon hatte er die Kirche erreicht, da krähte der Hahn. Zornig kehrte er um und eilte zur Hölle. Die Spuren von den Pferdetritten sind aber noch heute an jenem Orte zu sehen, wo der Hahnenschrei dem Bösen in's Ohr klang.

---

31. Die Kirche zum Heiligen Kreuz.

Auf dem Gute Wastemois bei Fellin lebte einst ein blinder Freiherr. Eines Tages fuhr er mit seinem Kutscher durch einen Wald. Da erblickte der Kutscher plötzlich am Wege ein herrliches goldenes Kreuz. Er wußte nicht, was er davon halten sollte und sagte es dem Freiherren. Kaum vernahm es der, als er sogleich den Kutscher herzlich bat, ihn zum Kreuz zu führen. Als es geschehen war, berührte der Freiherr das Kreuz und ward alsobald sehend wie andere Menschen. [1]) Zum Zeichen seiner Dankbarkeit ließ er bald nachher auf der nämlichen Stätte, wo das goldene Kreuz gestanden, eine Kirche errichten, die nach diesem Wunder die Kirche zum Heiligen Kreuz hieß.

Als später in unserem Lande Krieg ausbrach, zerstörten die Feinde die Kirche zum Heiligen Kreuz, so daß nur ihre Mauern stehen blieben. Die Kirche ward nicht wieder aufgebaut, denn die Bauern waren zu arm und die Edelherren wollten nichts hergeben. So blieb Gottes Haus verfallen. Inzwischen wuchs auf dem Gemäuer ein hoher Baum auf, den hielt das Volk heilig, brachte ihm Opfer und erhoffte von ihm Hülfe in der Noth. Das war den Herren ein Greuel. Darum erging ein strenger Befehl, den Baum umzuhauen. Das Gemäuer lag aber auf der Grenze dreier Gaue. Aus diesen trieb man zur Er= füllung des Befehls alles Volk zusammen. Aber Niemand wagte Hand an den heiligen Baum zu legen. [2]) Als der strenge Herr, der alles Volk zusammengetrieben, solches sah, ward er sehr zornig, ergriff eine Axt und schlug den Baum nieder. Wie aber solches geschehen war, verlor der Edelherr von Stunde an das Augenlicht und mußte als ein Blinder nach Hause geführt werden.

32. Die Kirche zu Kreutz.

Anfänglich gedachte man die Kirche zu Kreutz [1]) nicht auf ihrer heutigen Stätte zu errichten, sondern weit davon bei einem Kruge. Schon war der Bau zum Theil fertig, als der Böse davon Kunde erhielt. Sogleich eilte er zu den Bauleuten. Da er aber bei Tage nichts ausrichten konnte, kam er nachts wieder und zerstörte Alles, was am Tage gebaut war. Dennoch ließ das Volk von der Arbeit nicht ab. Das kränkte den Bösen noch mehr, er riß das Werk bis auf den Grund nieder und brach selbst die Untermauer aus der Erde.

Da war guter Rath theuer. Wohl begriffen die Bauleute, daß sie auf dieser Stätte nicht weiter bauen könnten, wo aber sonst, das wußte Niemand. In dieser Bedrängniß gab ihnen ein

Weiser²) gute Auskunft. Zur selben Nacht, als der Böse die Kirche bis auf den Grund verwüstete, hatte eine Kuh zwei schneeweiße Kälber. Diese sollten sie aufziehen, vor einen Wagen spannen, wenn sie groß wären, auf den Wagen ein Kreuz legen und sie ihres Weges frei gehen lassen. Wo sie aber stehen blieben, das wäre die Stätte der neuen Kirche, da sollten sie, sagte der Weise, das Kreuz aufrichten und brauchten ferner nicht zu besorgen, daß Jemand käme und ihr Werk verdürbe.

Die Bauleute thaten nach der Lehre des Weisen. Wo die jungen Stiere stehen blieben, richteten sie das Kreuz auf und begannen ihr Werk von Neuem. Der Böse scheute das Kreuz und wagte ferner nicht am Bau zu rühren. Glücklich ward die Kirche vollendet und zu Ehren des schützenden Kreuzes die Kirche zu Kreutz geheißen.

———•———

33. Die Kirche zu Goldenbeck.¹)

Zwei Männer gingen zum Walde Holz hacken. Als sie sich nach dem Platze umsahen, wo sie beginnen sollten, bemerkte einer von ihnen plötzlich mehrere Schlangen²) vor sich. Er ergriff einen derben Stecken und schlug einige Schlangen todt, die anderen aber entflohen. Schnell rief er seinen Gefährten herbei, um sie zu verfolgen. Aber wie entsetzten sie sich, als sie unversehens an einen ungeheuren Schlangenhaufen geriethen. Mitten im Haufen saß hoch aufgerichtet eine dicke Schlange mit einer goldenen Krone auf dem Kopfe.³) Ueber diesen Anblick erschraken die Männer gewaltig und rannten davon, als sie sich aber umschauten, gewahrten sie, daß der Schlangenkönig sie verfolgte.

Nun liefen sie, was sie laufen konnten, aber die Schlange kam ihnen immer näher. Da wandte sich der eine Mann um und traf die Schlange mit der Axt auf den Kopf. Im selben Augen= blick verschwand die Schlange und vor ihnen lag ein großer Haufen Gold. [4]) Darauf eilten die Männer zum Schlangenhaufen zurück, da war aber keine Schlange mehr zu sehen, sondern wiederum ein Haufen Gold. Jetzt schafften sie den Fund nach Hause und theilten den einen Haufen unter sich, für den anderen aber ließen sie daselbst eine stattliche Kirche erbauen, die fortan im Volke nach dem gefundenen Golde die Kirche zu Goldenbeck genannt wurde.

---

34. Die Kirche zu Fellin.

Vorzeiten lag die Fellinsche Kirche nicht mitten in der Stadt, sondern außerhalb derselben hart am See. Als man sie erbaute, ging im Volk die Rede, daß sie so lange stehen werde, bis einmal sieben Brüder zugleich in die Kirche kämen. Weil nun weit und breit die Leute darum wußten, so gaben alle Brüder wohl Acht, daß sie nicht mitsammen im Gotteshause wären. Daher sah man auch nicht einmal drei Brüder zugleich in der Kirche.

Einst aber trafen dennoch sieben Brüder in der Kirche zu= sammen und keiner wußte um des anderen Kommen. Kaum waren sie alle eingetreten, als die Kirche zu sinken begann. Voller Angst drängte das Volk hinaus und Alle retteten das Leben. Nur die sieben Brüder, um welcher willen die Kirche untergehen mußte, blieben darin. Die Kirche versank aber so tief, daß auch die Thurmspitze verschwand.

Wer in der Neujahrsnacht um die zwölfte Stunde bei der Stätte der versunkenen Kirche steht, vernimmt eine wunderbare, bewegliche Stimme, die Jeden anlockt und Jeden zwingt, ihrem Klange zu lauschen. Und nicht früher kann der Lauscher von dieser himmlischen Stimme scheiden, als bis die Kirchenglocken, die noch unter der Erde fortklingen, den letzten Ton ausgeläutet haben. Die Stätte der Kirche erscheint aber dem Auge heutigen Tages nicht anders als ein quelliger Wiesengrund. ¹)

35. Der mitleidige Schuhmacher.

Vorzeiten, als der liebe Gott selber noch auf Erden ging, trug es sich zu, daß er einst in Bettlergestalt in ein Bauernhaus trat, wo man gerade Taufe hielt. Da bat er die Leute um Herberge. Sie nahmen ihn aber nicht auf, gaben vor, es wäre kein Platz da und könne ihm gar leicht geschehn, daß er bei dem Lärmen unter die Füße der Gäste gerathe. Wohl versprach der Arme, er wolle unter den Ofen kriechen und sich still halten; sie achteten seiner Bitte nicht, wiesen ihm die Thür und hießen ihn zur Kothe gehen, oder wohin er sonst wolle.

In der Kothe wohnte ein Schuhmacher, der sich gegen die Armen und Elenden immer gar mitleidig bezeigte und lieber selbst Hunger litt, als daß er einen Bedürftigen ohne Gabe von seiner Schwelle entlassen hätte. Zu diesem kam nun der liebe Gott und bat um ein Nachtlager. Der Schuhmacher nahm ihn freund= lich auf, gab ihm zu essen und wies ihm zur Nacht sein eigen Bett an; er selbst aber legte sich auf ein Strohlager zur Ruhe.

Am anderen Morgen nahm der liebe Gott Abschied, dankte dem Köthner und sprach: Ich bin Der, welcher Gewalt hat Alles zu vollbringen, was das Herz ersinnt. Du hast mich freundlich aufgenommen und ehrlich bewirthet, darum bin ich Dir von Herzen dankbar und will es Dir vergelten. Sprich jetzt einen Wunsch aus und er soll erfüllt werden! [1]

Der Schuhmacher sprach: So wünsche ich denn, daß ich allezeit, wenn ein Armer kommt und meine Hilfe begehrt, ihm geben könnte, wessen er am meisten bedarf, und daß es mir selbst meines täglichen Brotes nicht mangele, so lange ich lebe!

Es geschehe also! sprach der liebe Gott, nahm Abschied und ging.

Indessen zechten und praßten die Leute auf dem Bauernhof und gedachten nicht des Sprichwortes: Ein großer Bissen zerreißt den Mund, oder: Der Mund sei des Magens Maß! Durch ihre Sorglosigkeit brach Feuer aus und es war noch ein Glück, daß sie das nackte Leben retteten. Hab und Gut brannte zu Asche und nun waren sie Alle ohne Obdach. Die Gäste eilten nach Hause, aber der Bauer mit seinem Gesinde mußte in des Schuhmachers Hütte eine Zuflucht suchen. Der nahm sie liebreich auf, gab ihnen Kleider und Schuh, speiste und tränkte sie, und trug Sorge, daß ihnen nichts mangelte, bis sie sich wieder ein Obdach zu schaffen vermochten.

Ueberdem aber kamen alle Tage Nothleidende zu dem Schuh= macher und Jeder empfing sein reichlich Theil.

Wie er nun also austheilte und Keinem eine Gabe verweigerte, schalt ihn das Gesinde und sprach: Was hast Du davon, daß Du Allen giebst? Du kannst ja doch die Welt nicht warm heizen! Er sagte: Wir sollen unseren Nächsten lieben wie uns selbst!

Als der Schuhmacher endlich fühlte, daß sein letztes Stündlein herannahe, kleidete er sich sauber an, ergriff einen Stecken aus Wacholderholz und machte sich auf den Weg zur Hölle. Schon der Thorwart der Hölle erbebte, wie er ihn erblickte, und rief: Wirf den Stecken nieder! In der Hölle mag man eine solche Rüstung nicht leiden! Aber der Schuhmacher ließ sich diese Rede nicht kümmern, sondern ging seines Weges fürbaß. Endlich kam ihm der Höllenfürst selbst entgegen und schrie: Wirf den Stecken nieder und laß uns mit einander ringen! Ueberwindest Du mich,

so will ich Dein Knecht sein, wenn ich aber Dich bezwinge, so
mußt Du mir dienen!

Damit war der Schuhmacher nicht zufrieden, sondern sprach:
Ringen will ich mit Dir nicht, denn Du hast so sehr dumme
Hände; aber komm' Du mit einem Stecken wider mich!

Als nun der Teufel ihm widerredete und ihn nochmals den
Stecken niederwerfen hieß, schlug ihn der Schuhmacher damit
tüchtig hinter's Ohr. Da erzitterte die Hölle und der Teufel
mit seinen Gesellen verschwand plötzlich, wie Blei in's Wasser sinkt.

Nun schritt der Schuhmacher weiter und beschaute bedächtig
das Innere der Unterwelt. In einem Saal lag auf dem Tisch
ein großes Buch, worin die Seelen aller Kinder, die vor ihrer
Taufe gestorben waren, verzeichnet standen. Neben dem Buche
lagen viele Schlüssel, mit welchen man die Kammern öffnete,
wo der Kinder Seelen eingeschlossen waren. Da nahm er die
Schlüssel, befreite die unschuldigen gefangenen Seelen und ging
mit ihnen zum Himmel ein, wo man ihn ehrenvoll empfing und
zum Gedächtniß seiner guten That ein Freudenfest feierte.

36. Die Unterirdischen.[1]

Einst war ein Mann in einer stürmischen Nacht zwischen Weihnacht und Neujahr vom Wege abgekommen. Durch die tiefen
Schneetriften watend erlahmte seine Kraft und er konnte seinem
Schicksal danken, daß er endlich unter einem dichten Wacholderbusch Schutz vor dem Winde fand. Hier gedachte er über Nacht
zu bleiben, da er am anderen Morgen bei Tageslicht den Weg
leichter zu finden hoffte. So zog er sich denn wie ein Igel zu-

sammen, wickelte sich in seinen warmen Pelz und war bald eingeschlafen. Eine Weile mochte er so unter dem Busch geschlafen
haben, als er sich von Jemand gerüttelt fühlte. Als er aus dem
Schlafe auffuhr, schlug eine fremde Stimme an sein Ohr: Heda
Nachbar! Steh auf, sonst begräbt Dich der Schneesturm unter
der Trift, daß Du hernach nicht mehr herauskommst! — Der
Schläfer hob den Kopf aus dem Pelz und öffnete die schlaf-
trunkenen Augen. Da sah er einen langen Mann von schlankem
Wuchse vor sich stehen, der einen jungen Kiefernbaum, wohl
doppelt so hoch wie er selbst war, als Stock in der Hand trug.
Komm mit mir! sprach der Mann mit dem Kiefernstock, — wir
haben im Walde unter dem Schutz der Bäume ein Feuer aufgemacht, wo es sich besser ruht, als hier auf freiem Felde! —

Ein so freundliches Anerbieten durfte der Bauer nicht zurückweisen. Er stand sogleich auf und machte sich mit dem
fremden Mann auf den Weg. Der Schneesturm wüthete heftig,
so daß man auf drei Schritt Entfernung nichts erkennen konnte;
sobald aber der Fremde seinen Kiefernstab aufhob und mit lauter
Stimme rief: Oho, Sturmfrau! gieb uns den Weg frei! —
so entstand vor ihnen eine breite Straße, wohin auch nicht das
kleinste Schneeflöckchen drang. Links und rechts und hinter ihnen
tobte der Schneesturm wie unsinnig, aber die Wanderer litten
davon keine Beschwerde. Es war als hätte auf beiden Seiten
eine unsichtbare Mauer dem Sturm gewehrt, auf sie einzudringen.

Nach einer Weile gelangten die Männer in den Wald, wo
der Schein eines Feuers ihnen schon von fern in's Auge fiel.

Wie heißest Du? frug der Mann mit dem Kiefernstock und
der Bauer antwortete: Des langen Hans Sohn Hans!

Am Feuer saßen drei Männer und trugen weiße leinene
Kleider wie mitten im Hochsommer. Etwa dreißig oder mehr
Schritt im Umkreise von ihnen schien voller Sommer zu herrschen.

Der Moosgrund war trocken und mit grünen Blättern und
Pflänzchen bestanden und auf dem Rasen liefen Ameisen und
Käferchen hin und her. Und doch vernahm des langen Hans
Sohn weither vom Felde das Brausen des Sturmes und das
Gewirbel der Schneeflocken. Noch sonderbarer erschien ihm das
lodernde Feuer, das einen gar hellen Schein verbreitete, aber
nicht den geringsten Rauch gab. — Was meinst Du, Sohn des
langen Hans, scheint dies Plätzchen nicht ein besseres Nachtlager
zu bieten, als jenes draußen auf dem Felde unter dem Wacholder=
busch? frug ihn der Fremde. Hans mußte es zugeben und dem
fremden Manne für seine treffliche Wegweisung noch Dank wissen.
Dann warf er seinen Pelz ab, rollte ihn zu einem Kopfkissen
zusammen und streckte sich am Feuer nieder. Der Mann mit
dem Kiefernstock trug seinen Lägel aus dem Gebüsch herbei und
bot unserem Hans einen Labetrunk. Das süße Getränk mundete
ihm sehr und es ward ihm ganz wohl um's Herz. Der Mann
mit dem Kiefernstock warf sich gleichfalls nieder und begann mit
seinen Gefährten in einer fremden Sprache zu reden, von der
unser Hans kein Wörtchen verstand. Deshalb war er binnen
Kurzem eingeschlafen.

Als er erwachte, fand er sich allein an einem fremden Orte,
wo es weder einen Wald noch ein Feuer gab. Er rieb sich die
Augen, rief sich das nächtliche Begebniß in Erinnerung und glaubte
schon Alles geträumt zu haben, konnte aber doch nicht begreifen,
wie er an diesen fremden Ort gerathen sei. Aus der Ferne drang
ein gewaltiges Getöse an sein Ohr und er fühlte, wie der Boden
unter seinen Füßen zitterte. Hans horchte eine Zeit lang auf,
woher das Getöse käme, und beschloß dann in dieser Richtung
vorwärts zu gehen, da er auf diese Art unter Menschen zu kommen
hoffte. Wie er so dahinging, gelangte er vor eine Felsenhöhle,
aus der das Getöse hervorscholl und ein schwacher Feuerschein

ihm entgegenschimmerte. Er trat in die Höhle und traf da auf
eine ungeheure Schmiede mit vielen Blasebälgen und Ambossen.
Um jeden Amboß standen sieben Arbeiter. Närrischere Schmiede
möchten wohl auf der Welt nicht zu finden sein! Die kniehohen
Männchen hatten Köpfe, die größer als ihre schwachen Körperchen
waren, und schwangen Hämmer in der Hand, die wohl doppelt
so lang waren, als ihre Träger. Diese schweren Eisenkeulen ließen
die Männchen so gewaltig auf die Amboße niederfallen, daß selbst
die allerstärksten Männer keine wuchtigeren Schläge hätten
führen können. Die kleinen Schmiede trugen nichts Anderes am
Leibe als Lederschürzen, die ihnen vom Halse bis zu den Füßen
reichten: am Rücken waren sie nackt, wie Gott sie geschaffen hatte.
Im Hintergrunde an der Wand saß der unserem Hans bekannte
Mann mit dem Kiefernstabe auf einem hohen Block und führte
scharfe Aufsicht über die Arbeit der kleinen Gesellen. Ihm zu
Füßen stand eine hohe Kanne, aus der die Arbeiter ab und zu
einen Trunk thaten. Der Herr der Schmiede trug nicht mehr
seine weißen Kleider von gestern, sondern einen schwarzen rußigen
Rock und einen Ledergürtel mit breiten Schnallen um die Hüften.
Den langen Kiefernstock hielt er aber in der Hand und gab damit
den Gesellen von Zeit zu Zeit seine Winke, da hier im Getöse
und Gedröhne Niemand ein menschliches Wort vernehmen konnte.
Hans war ungewiß, ob ihn Jemand bemerkt hätte oder nicht,
denn Meister und Gesellen verrichteten ihre Arbeit emsig weiter,
ohne sich um den Fremden zu kümmern. Nach einigen Stunden
durften die kleinen Schmiede Rast halten, ließen die Blasebälge
stehen und warfen die schweren Hämmer nieder. Jetzt, als die
Arbeiter die Höhle verließen, erhob sich ihr Herr vom Blocke und
rief den Hans zu sich. Ich habe Deine Ankunft wohl bemerkt,
sagte er, aber die eilige Arbeit gab mir nicht früher Muße mit Dir
zu reden. Heute mußt Du mein Gast sein, um meine Lebensweise

und meine Haushaltung kennen zu lernen. Weile so lange hier,
bis ich die Arbeitskleider ablege! — Mit diesen Worten zog er
einen Schlüssel aus der Tasche und öffnete im Hintergrunde der
Höhle eine Thür in der Wand, wo er Hans eintreten und auf
ihn warten hieß.

O welche Reichthümer und Schätze breiteten sich hier vor
Hansens Blicken aus! Ringsum standen überall Gold= und
Silberblöcke aufgestapelt und glänzten dem Beschauer entgegen.
Hans begann zum Spaß die Goldblöcke eines einzigen Haufens
zu zählen und war gerade bis fünfhundert und siebenzig gekommen,
als der Wirth zurückkehrte und lächelnd rief: Laß das Zählen,
es würde Dir zu viel Zeit kosten! Nimm lieber etliche Stücke
vom Haufen, die ich Dir zur Erinnerung schenken will. — Man
kann sich denken, daß Hans sich das nicht zweimal sagen ließ.
Er umfaßte mit beiden Händen einen Block, konnte ihn aber nicht
von der Stelle rühren, geschweige denn aufheben. Der Herr der
Schätze lachte und sprach: Du armseliger Schwächling vermagst
nicht einmal mein kleinstes Geschenk fortzutragen, mußt Dich also
schon damit zufrieden geben, Deine Augen daran weiden zu
können! — Mit diesen Worten führte er Hans in eine andere
Kammer, von da in eine dritte, vierte und so fort, bis sie endlich
in die siebente Höhlenkammer gelangten, die reichlich von der
Größe einer Kirche und gleich den anderen Kammern von oben
bis unten mit Gold und Silber angefüllt war. Hans staunte
beim Anblick dieser unermeßlichen Schätze, womit man alle König=
reiche der Welt hätte kaufen können, die aber hier unter der Erde
nutzlos verborgen lagen. Er fragte den Wirth: Warum häufet
Ihr so reiche Schätze hier an, wo kein lebendes Wesen das Gold
und Silber nutzen kann? Kämen diese Schätze unter die Menschen,
so würden sie alle reich werden und brauchte Niemand mehr zu
arbeiten und sich abzuquälen! — Das ist es eben — versetzte

der Herr der Schätze, weshalb ich diese Reichthümer nicht unter
die Menschen gelangen lassen darf; da ginge alle Welt in Träg=
heit zu Grunde, wenn Niemand mehr für sein täglich Brot zu
sorgen brauchte. Der Mensch ist geschaffen, um sich mit Arbeit
und Mühe zu erhalten! — Hans wollte das durchaus nicht
wahr haben und stritt eifrig wider die Meinung des Hausherrn.
Endlich bat er, ihm zu erklären, wozu all das Gold und Silber
hier als eines einzigen Mannes Besitz aufgespeichert wäre, der
Besitzer aber dennoch seinen Reichthum unermüdlich zu mehren
bedacht sei, obgleich er schon mehr als die Fülle davon habe? —
Der Hausherr antwortete: Ich bin kein Mensch, wenn ich auch
menschliche Bildung und Gestalt trage; ich bin eines von den höheren
Wesen, die nach Altvaters Ordnung die Welt zu beherrschen und
zu verwalten geschaffen sind. Nach seinem Gesetz muß ich und
müssen meine Gesellen rastlos unter der Erde Gold und Silber
bereiten, wovon alljährlich ein kleiner Theil zum Bedarf der
Menschen herausgegeben wird, so viel sie zur Betreibung ihrer
Geschäfte nothwendig brauchen. Doch soll Niemand diese
Gabe mühelos empfangen. Wir müssen das Gold zuvor fein
stampfen und die Körner mit Erde, Lehm und Kies vermischen,
wo man sie dann später glücklichenfalls entdeckt und mit vieler
Mühe auswäscht. Aber, Freund, wir müssen unser Gespräch
beenden, denn es ist bald Mittagszeit. Hast Du Lust, meine
Schätze noch weiter zu beschauen, so bleibe hier und erfreue Dein
Herz am Glanze des Goldes, bis ich Dich zu Tische rufe! —
Mit diesen Worten schied er von Hans.

Hans schlenderte nun wieder allein aus einer Schatzkammer
in die andere und versuchte hie und da ein kleineres Stück Gold
vom Haufen zu rühren, was ihm aber ganz unmöglich war.
Er hatte schon früher erfahrenere Leute von der Schwere des
Goldes reden hören, aber nie glauben mögen, was er jetzt nach

eigenen Versuchen erlebte. Nach einiger Zeit kehrte der Hausherr
zurück, aber so verwandelt, daß Hans ihn im ersten Augenblick
nicht erkannte. Er trug hellrothe, feuerfarbene Seidengewänder,
die mit goldenen Borten und Franzen prächtig geziert waren;
ein handbreiter goldener Gürtel umschlang seine Hüften und auf
dem Haupte saß ihm eine herrlich glänzende goldene Krone, aus
welcher die Edelsteine wie Sterne in einer klaren Winternacht
niederfunkelten. Statt des ehemaligen Kiefernstockes trug er in
der Hand ein Stäbchen aus feinem Golde, an welchem Aeste
und Stümpfe saßen, so daß das Stäbchen wie ein Sprößling
des großen Kiefernbaumes aussah.

Nachdem der königliche Hausherr die Thüren der Goldkammern
verschlossen und die Schlüssel eingesteckt hatte, nahm er unseren
Hans bei der Hand und führte ihn durch die Schmiede in ein
anderes Gemach, wo für sie das Mahl angerichtet war. Die
Tische und die Sitze herum waren von Silber; mitten im Gemach
stand ein prächtiger Speisetisch und zu beiden Seiten des Tisches
ein silberner Stuhl. Das Eß- und Trinkgeschirr, die Schalen,
Schüsseln, Teller, Kannen und Becher waren von Gold. Nachdem der Wirth mit seinem Gaste sich am Tische niedergelassen,
wurden zwölf Gerichte nach einander aufgetragen. Die Diener
waren Männchen von der Art der Schmiedegesellen, aber nicht
nackt wie diese, sondern alle in reinen, weißen Kleidern. Gar
wunderbar kam unserem Hans ihre Behendigkeit und Geschicklich-
keit vor, denn obgleich sie sichtbarlich keine Flügel trugen, so
schienen sie doch in ihrer Leichtigkeit beim Hüpfen wie beflügelt.
Da sie nämlich nicht bis zur Höhe des Tisches reichten, mußten
sie jedesmal wie Flöhe vom Estrich auf den Tisch hüpfen! Sie
wußten aber die großen Speiseschüsseln und Schalen so geschickt
zu halten, daß sie nicht ein Tröpfchen verschütteten. Während
des Mahles füllten die kleinen Diener die Becher mit Meth und

köstlichem Wein aus den Kannen und credenzten sie den Tafel=
gästen. Der Wirth unterhielt ein freundliches Gespräch und er=
klärte unserem Hans manches Geheimniß. So sagte er, als die
Rede auf ihre Begegnung in der Schneesturmnacht kam: Zwischen
Weihnacht und Neujahr streife ich häufig zu meinem Vergnügen
auf der Erde umher, um in das Leben und Treiben der Menschen
etwas hineinzublicken und einige von ihnen kennen zu lernen.
Was ich aber bisher von ihnen gesehen und erfahren habe, kann
ich nicht rühmen. Die meisten Menschen leben einander zur Plage
und zum Verdruß. Jedermann klagt mehr oder weniger über
seinen Nächsten. Niemand erkennt seine eigenen Fehler und Mängel,
sondern legt immer Anderen zur Last, was er selbst verschuldet! —
Hans bemühte sich mit Eifer die Rede des Hausherrn zu wider=
legen, worauf ihm aber der freundliche Wirth reichlicher einschenken
ließ, bis ihm endlich die Zunge so schwer wurde, daß er kein
Wort mehr entgegnen und noch weniger verstehen konnte, was
der Hausherr sprach. Allmählich nickte er auf seinem Stuhle ein
und wußte nicht, was mit ihm vorging.

Während er seinen Rausch ausschlief, hatte er seltsame, bunte
Träume, in welchen die geschauten Goldblöcke immer wieder vor
sein Auge traten. Im Traume fühlte er sich weit stärker, lud sich
ein paar Goldblöcke auf den Rücken und trug sie leicht davon.
Endlich drohte seine Kraft unter der schweren Bürde doch zu er=
lahmen, er mußte sich niedersetzen und verschnaufen. Da vernahm
er neckische Töne, die er für den Gesang der kleinen Schmiede hielt,
wie ihm auch der Feuerschein von ihren Blasebälgen in's Auge fiel.
Blinzelnd schaute er auf und gewahrte grünen Wald um sich und
blühenden Rasen unter sich; statt des vermeintlichen Feuerscheins von
den Blasebälgen der Schmiede schien ihm aber die Sonne freundlich
in's Gesicht. Er schüttelte den Schlaf ab und brauchte eine geraume
Zeit, um sich darauf zu besinnen, was ihm inzwischen begegnet war.

Als aber allmählich alle Erinnerungen in ihm wach wurden, dünkte ihn seine gegenwärtige Lage so wunderlich, daß es in keinem Stücke mit rechten Dingen zugehen konnte. Er erinnerte sich, daß er im Winter einige Tage nach Weihnacht in einer stürmischen Nacht vom Wege abgekommen und was dann weiter geschehen wäre. Er hatte die Nacht im Walde an einem Feuer unter fremden Leuten verbracht, war am selben Tage der Gast des Mannes mit dem Kiefernstock gewesen, hatte dort zu Mittag gegessen, viel getrunken — kurz, in Allem nur ein paar Tage verjubelt. Jetzt aber war es rings um ihn her überall voller Sommer! Da mußte doch ein heimlicher Zauber im Spiele sein! Als er sich nun erhob, fand er eine alte Feuerstelle in seiner Nähe, die im Sonnenschein wunderbar glänzte. Als er die Feuer= stelle näher in's Auge faßte, entdeckte er, daß der vermeintliche Aschenhaufen aus feinem Silberstaub bestand und daß die nach= gebliebenen Feuerbrände pure Goldstümpfe waren. O dieses Glück! Woher nur einen Sack nehmen, um den Schatz heim= zutragen? Aber Noth macht erfinderisch! Hans warf seinen Winterpelz ab, fegte die Silberasche zusammen, daß auch kein Stäubchen übrig blieb, that sie nebst den goldenen Feuerbränden auf den Pelz und schnürte ihn mit dem Gürtel in ein Bündel zusammen, damit nichts herausrieseln. Obwohl die Last nicht groß war, drückte sie ihn doch tüchtig, so daß Hans wie ein ganzer Mann daran zu tragen hatte, bevor er einen geeigneten Platz fand, um seinen Schatz zu verbergen.

So war nun Hans durch ein unverhofftes Glück plötzlich ein reicher Mann geworden, der sich ein Landgut hätte kaufen können. Er ging mit sich zu Rathe und fand zuletzt, daß es am besten sei, seinen alten Wohnort zu verlassen und weit von dort einen neuen zu suchen, wo ihn die Leute nicht kannten. Dort kaufte er sich ein schönes Bauerngut, wobei er noch ein gut Stück Geld übrig behielt, nahm ein Weib und lebte als reicher Mann bis an sein Ende. Vor seinem Tode hat er seinen Kindern das Geheimniß entdeckt, wie ihn der Herr der Unterirdischen reich gemacht. Von den Kindern und Enkeln verbreitete sich aber die Geschichte weiter.

---

37. Der Hausgeist.[1])

Ein Gutsherr hieß seinen Koch ein leckeres Gericht zubereiten.

Da ward denn gleich ein großer Kessel auf's Feuer gesetzt, der sott allerlei Lammfleisch.

Vor dem Kessel saß der Koch und schürte das Feuer.

Plötzlich kam unter dem Ofen aus dem Boden ein kleines Männchen hervor und bat den Koch:

Lieber Freund, laß mich ein wenig von der schönen Speise kosten! Ich bin so hungrig und es ist mir flau zu Muthe wie einem Fischer!

Darf's nicht thun, versetzte der Koch, wir haben selbst ein großes Hausgesinde!

Gieb mir nur ein Tröpfchen von der Suppe! bat der Kleine von Neuem.

Nun so nimm! sagte der Koch und reichte ihm den gefüllten Schöpflöffel hin.

Kaum war aber der Löffel in des Kleinen Hand, so hatte er im Augenblick den ganzen Kessel leer gegessen und war unter dem Ofen verschwunden.

Der Koch erschrak. Was sollte er jetzt beginnen?

Ging also der Aermste hin zu seinem Herrn und erzählte ihm unter Jammern und Klagen den Hergang der Sache.

Der Herr wollte seiner Rede anfangs keinen Glauben schenken, als aber der Koch bei Leib und Leben die Sache beschwor, ließ der Herr seinen Aerger fahren und befahl dem Koch den Kessel von Neuem aufzusetzen, fügte aber streng hinzu: Sollte das kleine Männchen wiederkommen, so gieb ihm mit dem Löffel tüchtig vor den Kopf!

Der Koch machte sich an's Werk und bald stand denn auch ein neues Festgericht auf dem Feuer.

Wieder kam das Männchen unter dem Ofen hervor und bat den Koch, etwas von der Speise in das Säckchen zu füllen, das er am Halse trug.

Darf's nicht thun! sagte der Koch. Der Herr befahl mir, Dich mit dem Löffel auf den Kopf zu schlagen!

Schlage mich nicht, lieber Freund! bat der kleine Mann. Ich will Dir auch wieder beistehen, wenn Du einmal in Noth geräthst. Mein Weib daheim ist krank! Ich habe Niemanden, der mir ein Essen anrichtete oder Wasser herbeitrüge. Laß mich nur einen Schöpflöffel voll Suppe in diesen Sack gießen, um die arme Dulderin etwas zu erquicken!

Der Koch dachte bei sich: Er wird ja nicht so unverschämt sein wie vorhin und wieviel wird denn sein krankes Weib auf= essen können! — Er reichte also dem Männchen den Löffel hin.

Im Augenblick war die ganze Suppe sammt dem Fleisch in des kleinen Mannes Sack, er selbst aber verschwunden und der Kessel leer.

Was nun?

Der Koch klagte seine Noth wieder seinem Herrn und jammerte noch lauter als das erste Mal, aber der Herr ward über die Maßen zornig, schalt ihn heftig und drohte ihn sogleich

aus dem Hause zu jagen, wenn er noch ein drittes Mal seines
Amtes nicht besser zu walten wüßte. Den kleinen Mann aber
solle er augenblicklich todt schlagen, wenn er sich wieder in der
Küche zeigen würde.

Abermals stand ein neuer Kessel auf dem Feuer und
abermals erschien das kleine Männchen.

Der Koch ergriff den Schöpflöffel und rief: Du Schelm,
der Herr hat mir befohlen, Dich auf der Stelle todt zu
schlagen!

Der Kleine bat: Thu' es nicht, lieber Freund! Wer weiß,
ob Dich nicht auch Mangel und Hunger dereinst erwartet!
Dann will ich wiederum D i r helfen, wenn ich es vermag.
Mein kleines Kind daheim ist siech und mein krankes Weib
gestorben; so habe ich jetzt gar Niemanden, der mir Speise
kochen oder einen Trunk herbeischaffen könnte. Gieb mir doch
für mein hilfloses Kind wenigstens einen halben Löffel Suppe!

Dem Koch ward's wieder weich um's Herz und wieder
meinte der gute Mann: Wieviel kann denn solch ein elendes
Kind essen? — Da, greif denn zu! sagt er.

Augenblicklich war aber der ganze Kessel wieder leer und
der Kleine verschwunden.

Jetzt hatte der Koch seinen Lohn zu erwarten.

Mit zitternder Stimme meldete er seinem Herrn: Der kleine
Mann hat zum dritten Mal die Suppe vom Feuer gestohlen!

Fort mit Dir, Du Bösewicht! schrie der Herr ... Da Du
mir aber bisher treu gedient hast, will ich Dir noch gestatten
über Nacht im Hause zu bleiben. Morgen früh aber schnüre
Dein Bündel und troll' Dich fort!

Darauf gab der Herr dem Frohnvogt Befehl, die Suppe
zu kochen und sagte: Wenn der Kleine sich abermals zeigen
sollte, so schlage ihn auf der Stelle todt!

Schon gut, Herr, versetzte der Vogt, ich will ihn tüchtig treffen!

Der Kessel kam wieder auf's Feuer und da war auch schon der kleine Mann zur Stelle und bettelte um Suppe.

Also Suppe willst Du Schelm? schrie der Vogt und gab dem Kleinen mit dem Schöpflöffel einen solchen Schlag vor den Kopf, daß er wie ein Knäulchen zurück unter den Ofen rollte.

Darauf wurde die Suppe fertig und der Herr hatte seine Lust daran. Jetzt wird der Kleine wohl nicht wiederkommen, um sich die Finger zu verbrennen! sagte er.

Am nächsten Tage lud sich der Koch ein Säckchen mit seinen Sachen auf und schickte sich an, die Küche zu verlassen.

Plötzlich stand der Kleine mit verbundenem Kopf vor ihm und sprach: Komm, Freund, nimm auch von mir Abschied, ich will Dir auch etwas auf den Weg mitgeben!

Der Koch folgte auch wirklich dem Männchen.

Unter dem Ofen befand sich ein schönes, geräumiges Haus, wo allerlei seltsame Sachen und Geräthe umherstanden.

Der Kleine führte den Koch durch das erste Gemach in eine Kammer, blieb vor einem Bretterfach stehen und langte eine Schachtel herunter. Hier, mein Freund, sprach er zum Koch, nimm den Lohn für Deine Wohlthat! Hast Du irgend etwas nöthig, so klopfe nur mit dem Zeigefinger auf den Deckel der Schachtel und nenne Deinen Wunsch!

Der Koch bedankte sich für das Geschenk und kam wieder in die Küche zurück.

Da stand auch gerade der Vogt in der Küche.

Der Koch zog sein Schächtelchen hervor, klopfte mit dem Zeigefinger auf den Deckel und sprach: Einen Brotsack für den Wandersmann!

Augenblicklich war der Brotsack zur Stelle. So schaffte der Koch mit Hilfe des Schächtelchens noch viele andere Dinge

herbei und der Vogt konnte sich nicht genug darüber wundern.
Endlich fragte er: Sage doch, Freund, wo hast Du dies
prächtige Schächtelchen her?

Der Koch theilte dem Vogt Alles mit und ging dann
seines Weges.

Wenn es so steht, dachte der Vogt, so muß ich von dem
kleinen Mann auch solch ein Schächtelchen haben. Den Backen-
schlag von gestern will ich schon wieder gut machen. Warte
nur, der Kessel muß wieder auf's Feuer!

Da stand nun der Vogt am Kessel, kochte und wartete,
aber der Kleine zeigte sich nicht. Endlich rief der Vogt:
Freund, so komm doch zu Gaste!

Sofort war der Kleine da.

Warum rufst Du mich? fragte er. Ich habe vom Koch
noch Speise in Fülle zu Hause!

So koste doch nur, es ist Dir ja geschenkt! sagte der Vogt.

Der Kleine kostete von der Speise und sprach: Schönen
Dank! Aber komm jetzt mit mir, ich will Dir Alles vergelten!

Was braucht's da vieler Vergeltung! sagte der Vogt und
folgte dem Kleinen mit Freuden.

Jetzt erhielt auch der Vogt ein Schächtelchen, verließ aber
den kleinen Mann ohne ein Wort des Dankes. Dann lief er
zu seinem Herrn und bat ihn Acht zu geben was geschehen
würde, wenn er mit dem Finger auf den Deckel klopfte.

Und so begann er zu klopfen.

Da flog aus der Schachtel ein kleines Männchen mit einer
Eisenkeule heraus, fiel über den Herrn und den Vogt her und
hieb so lange auf sie ein, bis beide halbtodt am Boden lagen.
Dann verschwand er sammt der Schachtel.

Den Kleinen unter dem Ofen hat aber nachher Niemand
wiedergesehen.

38. Die reich vergoltene Wohlthat.

Brennende Sonnengluth drohte ein Gewitter aufzuführen. Hurtig trachtete daher ein junger Bauer auf der Wiese die Schwaden mit dem Rechen zusammen zu werfen, um das Heu noch vor dem Regen trocken unter Dach zu bringen. Als er nach haftiger Arbeit sich zum Heimweg anschickte, zog schon von Mittag eine schwarze Wolke auf und schiffte eilends näher. Der Jüngling schritt tapfer zu, um noch vor dem Regen nach Hause zu kommen. Am Waldessaume gewahrte er einen fremden Mann, der den Kopf an einem Baumstumpf lehnte und so fest schlief, daß der nahende Donner ihn nicht erweckte. Dieses Männlein könnte heute leicht nässer werden, als ihm lieb wäre, wenn ich es nicht aufrüttele, dachte der Bauer und trat näher. Höre, Freund! rief er und schüttelte den Schläfer an der Schulter, wenn Du keinen Gänsebalg am Leibe trägst, so springe auf und suche Schutz vor dem Regen! Ein schweres Gewitter ist gerade im Anzuge! — Der fremde Mann sprang erschrocken auf und sprach: Dank, tausend Dank Dir, Nachbar, daß Du mich freundlich geweckt hast! — Dann suchte er eilig in seinen Taschen herum, als wolle er ein Geldstück finden, um dem Bauer damit seinen Dank zu beweisen. Da er aber in den leeren Taschen nichts entdeckte, blickte er halb verlegen zu dem Bauer auf und sagte: Leider ist mir nichts in die Tasche gerathen, womit ich's Dir vergelten könnte, aber dennoch soll Dein Lohn nicht un= bezahlt bleiben! Ich habe es jetzt sehr eilig, wenn ich vor der drohenden Wolke einen Schlupfwinkel finden will, merke also auf und behalte wohl, was ich Dir kurz verkünde: Nach zwei Jahren mußt Du Soldat werden und findest unter den Reitern Deinen Dienst. Eine Weile wirst Du mit dem Kriegsvolk hin= und herschweifen, bis Ihr endlich im Norden Finnlands in's

Quartier kommt. Eines Tages, wenn gerade Dich die Reihe trifft, die Pferde auf die Weide zu führen, wird Dir da in Sehnsucht nach der Heimath das Herz schwer werden. Ein Stück Weges von Deinem Platze wird Dir aber auf der weiten Wiesenfläche eine krummgewachsene Birke in's Auge fallen. Tritt an sie heran, klopfe dreimal gegen den Stamm und frage: Ist der Krumme zu Hause? Dann wirst Du für Deine heutige Wohlthat den Lohn empfangen. Und nun lebe wohl!

Damit eilte er davon und war in Kurzem dem Bauer ent= schwunden, der ihm lächelnd und kopfschüttelnd nachschaute und dann hurtig weiter ging. Als er beim Anbruch des Regens zu Hause anlangte, hatte er den fremden Mann und seine Weissagungen schon vergessen.

Dennoch ereignete sich später etwas, womit der erste Theil der Weissagungen in Erfüllung ging: der junge Bauer mußte nach zwei Jahren Soldat werden und seinen Dienst unter den Reitern nehmen. Wohl hätte ihn jetzt dieser Zufall an seine Begegnung mit dem fremden Mann erinnern können. So geschah es aber nicht, vielmehr schien dieser Tag ganz aus seinem Ge= dächtniß geschwunden zu sein. Er war schon eine Zeit lang im Kriegsdienste mit seiner Schar von Ort zu Ort gezogen und hatte länger als vier Jahre das Brot des Kaisers gegessen, als sie endlich im Norden Finnlands Quartier bekamen. Dort, im fremden Lande, fern von Hause und den lieben Seinen, ward ihm das Herz oft schwer und das Heimweh trieb ihm Thränen in die Augen, wenn er unbemerkt seinen Gedanken nachhing. Eines Tages war die Reihe an ihm, mit den Pferden auf die Weide zu ziehen. Als er nun wieder so allein und betrübt auf der weiten Wiese saß und seine sehnsüchtigen Gedanken heim= wärts wandern ließ, trafen seine Augen zufällig auf eine krumm= gewachsene Birke, die in seiner Nähe stand. Plötzlich ward es

ihm wunderbar leicht um's Herz, — die Tage seiner Kindheit
und Jugend stiegen lebendig in seiner Erinnerung auf und auch
dieser Ort schien ihm längst vertraut zu sein, wenn er sich auch
nicht klar zu sagen wußte, ob er ihm im Traum oder Wachen
bekannt geworden. Er rieb sich die Stirn, als wolle er sich auf
etwas besinnen, — da kehrte ihm plötzlich die Begegnung mit
dem fremden Manne so klar in's Gedächtniß wieder, wie ein
Strahl der Sonne aus dunkler Wolke bricht. Seine Arbeit auf
der Wiese, die drohend aufsteigende Wetterwolke, der fremde
Schläfer am Waldesrain und seine bedeutsame Weissagung, —
Alles stand ihm so lebendig vor Augen, als wäre es erst gestern
geschehen. Wie er nun im Fluge alle seine Lebensschicksale bis
heute bedachte, da fand er, daß die Weissagung sich erfüllt habe.
— Wenn ich zur Birke gehe und an den Stamm klopfe, welchen
Schaden kann mir der Versuch bringen? dachte er. Niemand
weiß ja hier, weshalb ich diese Possen treibe und kein Mensch
sieht mich hier, um mich später wegen meiner Thorheiten aus=
zulachen!

In diesen Gedanken trat er zur Birke, beschaute sie eine
Weile von allen Seiten, ob nicht etwas Fremdes oder Be=
sonderes sich am Baum zeige, faßte sich rasch ein Herz, klopfte
leise dreimal an den Stamm und fragte halb widerstrebend:
Ist der Krumme zu Hause? Es kam aber keine Antwort auf
die Frage. Nun fühlte der Soldat seinen Muth wachsen, klopfte
zum zweiten Mal stärker an, daß der Stamm widerhallte und
rief mit lauter Stimme: Ist der Krumme zu Hause?

Da erhob sich ein Rauschen in der Birke und plötzlich stand
der Fremde vor ihm, als wäre er aus der Luft entstanden.
Nun, mein Freund, sprach er gütig, das ist schön, daß Du
meines Versprechens eingedenk warst! Schon glaubte ich, Du
hättest ganz vergessen, was ich einst zu Dir sprach. Es wäre

mir leid gewesen, wenn ich Dir also meine Schuld nicht hätte
abtragen können. He Kinder! rief er in die Birke, wer von Euch
kann am schnellsten sein? — Ich! antwortete eine Stimme, ich
kann so schnell sein, wie ein Vogel fliegt! — Recht schön! sprach
der Krumme, wer kann aber noch schneller sein? Eine andere
Stimme antwortete: Ich kann mit den Winden um die Wette
laufen! — Laß sehen, ob nicht ein Anderer noch flinker ist!
sprach der Alte und that die dritte Frage an den Baum. Da
antwortete ein feines Stimmchen: Vater, ich kann so schnell
sein, wie der menschliche Gedanke! — Komm her, mein Sohn,
rief der Krumme, Dich kann ich heute gerade brauchen! —
Dann stellte er einen mannshohen Sack, ganz mit Gold und
Silber gefüllt, vor den Soldaten hin, griff mit der Hand an
seinen Reiterhut und sprach: Aus dem Hut ein Krieger und
der Mann mit dem Geldsack nach Hause! Augenblicklich war
es dem Reiter, als flöge ihm der Hut vom Kopf, wie er sich
aber nach ihm umschauen wollte, fand er sich plötzlich daheim
unter den Seinen und den Verwandten und der mächtige Geld=
sack stand neben ihm auf dem Boden. Anfänglich hielt er Alles
für einen Traum, bis er endlich inne ward, daß sein Glück wahr
und wahrhaftig sei.

Als ihm Niemand wie einem Fahnenflüchtigen nachforschte,
begann er endlich zu glauben, daß sein verlorener Hut an seiner
Statt im Kriegsdienst geblieben sei. Vor seinem Ende erzählte
er die wunderbare Geschichte seinen Kindern und diweil ihm das
geschenkte Geld Segen gebracht, konnte er nicht glauben, daß der
Geber ein böser Geist gewesen. [1)]

———•———

39. Des armen Mannes Glück.

Es lebte einmal ein Bauer mit seinem Weibe und vielen Kindern und war blutarm. Bisweilen hatten sie keinen Bissen Brot im Hause und wären Hungers gestorben, wenn nicht milde Hände ihnen in der Noth geholfen hätten.

Einst war wieder bitterer Mangel im Hause und diesmal fanden sie keinen Ausweg.

Geh doch in den Wald und sammle uns wenigstens Pilze! sprach die Frau zum Mann.

Er gehorchte und ging zum Walde Pilze sammeln.

Da ließ er sich auf einem Baumstumpf nieder, hub an zu seufzen und klagen und rief Gott und alle Engel an, aber es half Alles nichts. Endlich schrie er in seiner Verzweiflung: Teufel, komm Du mir wenigstens zu Hilfe!

Als er die Augen aufschlug, stand ein fremder schwarzer Mann in der Nähe des Baumstumpfes, begann ein Gespräch mit ihm und fragte: Was fehlt Dir denn, Nachbar?

Der arme Bauer klagte ihm seine ganze Noth vor und jammerte erbärmlich, um des Fremden Herz zu rühren.

Freund, was sorgst Du Dich denn deswegen so ab? Du kannst ja Geld leihen! sagte der Fremde.

Wer wird einem armen Manne welches leihen? Und wann soll ich's bezahlen und womit verdienen?

Nun, ich will Dir Geld leihen, so viel Du selbst verlangst! Nach drei Jahren mußt Du mir aber die Schuld hier am selben Orte abtragen und rufen: Ilp=Hans,[1] komm nach Deinem Gelde! — Aber alles Geld, was Du wiederbringst, muß in den drei Jahren gegen anderes eingewechselt sein. Zinsen oder eine andere Leistung verlange ich nicht von Dir.

Gieb nur Acht, daß Du meine Bedingung erfüllst, sonst könnte es Dir bei der Rückgabe des Geldes schlimm ergehen! — Bist Du es so zufrieden?

Ei freilich, freilich, guter Mann! rief der Bauer.

Der Fremde hob den Kittel des Bauern vom Boden auf, füllte ihn mit Baumblättern an und sagte: Geh nun mit dieser Last nach Hause und schau morgen nach, was aus den Blättern geworden ist. Vergiß aber nicht, daß Du nach drei Jahren mit anderem Gelde hier erscheinen und mir wieder= geben mußt, was von dem Reichthum übrig ist, es sei viel oder wenig!

Bei diesen Worten war der Fremde wie unter die Erde verschwunden.

Der Bauer gaffte den Kittel an und dachte: Dummes Zeug, das soll mir nun Geld oder Hilfe bringen!

Dennoch trug er die Last nach Hause, erzählte seinem Weibe was geschehen war und fügte hinzu: Werden ja sehen, was in meinem Kittel steckt!

Das Weib spottete: Was sollte da sonst wohl stecken, als eitel Gold!

Aber aus dem Spott der Frau ward voller Ernst: im Kittel fand sich anderen Tages lauteres Gold bis oben an und lag ein solcher Vorrath da, daß Mann und Weib eine ganze Woche daran zählten und rechneten und wurden doch nicht fertig.

Was fehlte ihnen jetzt! Speise und Trank hatten sie im Ueberfluß und nimmer einen Mangel an Geld!

Die größte Sorge des Bauern war es aber, so viel anderes Geld gegen das Gold zu wechseln, wie nur irgend möglich. Und wer hätte nicht lauteres Gold in Tausch genommen!

In drei Jahren war aus dem armen Manne ein reicher Bauer geworden. Er hatte sich einen stattlichen Hof gekauft,

8*

alle Scheunen und Ställe gefüllt und sich angeschafft was nur einen Namen trug. Dennoch behielt er noch dreiviertel von seinem Schatze übrig.

Jetzt waren seit dem Tage, wo er das Gold empfangen, drei Jahre vorüber. Der Bauer hielt Wort und machte sich mit dem gewechselten Gelde zum Walde auf.

Da setzte er sich auf den Baumstumpf und überschaute noch einmal das Geld. Plötzlich fand er, daß noch viele Goldstücke ungewechselt geblieben wären. Er dachte hin und her, wie sie doch dahin gerathen sein könnten, denn zu Hause hatte er nichts mehr davon gehabt. Es wurde ihm ganz froftig um's Herz und er wagte nicht den Ilp=Hans zu rufen.

Endlich dachte er in seinem Sinn: Was darf er mir denn thun? Weiß ich's denn, wo die Goldstücke hierher gekommen sind! Ich will ihn doch rufen!

Und so rief er: Ilp=Hans, komm nach Deinem Gelde!

Nichts regte und bewegte sich .... Abermals rief er: Ilp=Hans, — Ilp=Hans, komm nach Deinem Gelde!

Wieder regte sich nichts. Der Bauer erhob seine Stimme zum dritten Male ....

Da trat ein junger schwarzer Mann unter den Bäumen hervor und sprach in traurigem Tone: Ilp=Hans lebt nicht mehr! Schon im verwichenen Sommer hat der Donnergott Piker den Aermsten zu Tode getroffen.[2] Ich bin sein Sohn. Behalte all' das Geld, nur wünsche dafür dem Alten sanfte Ruhe!

Gleich hub der Bauer an: Gott möge seine Seele auf= nehmen und seiner Sünden nicht gedenken!

Pfui, pfui, was sprichst Du da! fuhr der schwarze Mann dazwischen. So sollst Du sagen: Der Teufel hole seine Seele und hänge sie in der Hölle auf!

Der Bauer entsetzte sich ob solcher Gottlosigkeit und brachte nichts hervor als die Worte: Vater, Sohn und heiliger Geist!

Da war aber der schwarze Mann verschwunden, wie Blei in's Wasser fällt.

Der Bauer lud sich den Geldsack wieder auf und zog heim.

——————•◦•——————

40. Die nächtlichen Kirchgänger.

Mein Großoheim lebte in seinen Jünglingsjahren auf einem Bauernhof in der Nachbarschaft einer Kirche, wohin es im Winter, wenn der Weg über den gefrorenen Morast führte, kaum zwei Werst weit war. An einem Weihnachtsabend begab sich das Hausgesinde zeitig zu Bett, da es am Morgen des ersten Festtages sich früh aufmachen und zur Kirche gehen wollte, wo an diesem Tage der Gottesdienst bei Kerzenlicht gehalten wurde. Der Hofbauer erwachte zuerst, trat aus der Thür, um nach dem Wetter auszuschauen und nahm wahr, daß die Fenster der Kirche schon im Kerzenschein strahlten. Er kehrte in die Stube zurück und weckte eilig das Gesinde: Steht auf, wir haben uns verspätet; die Kerzen in der Kirche sind schon angezündet! — Nun hatten es die Leute eilig. Alle sprangen auf, wuschen und kleideten sich und die Jüngeren machten sich sogleich zu Fuß auf den Weg, indeß die Andern die Pferde anspannten und ihnen nachfuhren. Die Kirche im Kerzenschein wies ihnen wie eine geschmückte Jungfrau den Weg, den die Sterne nur mit geringem Licht erhellten, da es Nebelwetter war. Wie sie näher kamen, scholl der Gesang der Gemeinde ihnen entgegen, aber das Lied klang ihnen etwas fremdartig. Die Thore der Kirche standen weit offen und sie schien gedrängt voll von Menschen zu sein, doch vor der Kirche sahen sie kein einziges Gefährt. Die Männer traten voraus und hofften, wenn sie sich durchdrängten, noch irgendwo Platz zu finden, die Weiber aber folgten ihnen. Als nun die Männer grade vor das Thor gelangt waren und eben den Fuß über die Schwelle setzen wollten, verstummte der Ge= sang und die Kerzen erloschen plötzlich, so daß die Kirche auf einmal stockfinster ward. Ein fremder Mann trat ihnen an der Thür entgegen und sprach: Ihr mit heiligem Wasser getauften Leute habt jetzt an diesem Orte nichts zu schaffen! Das ist die Zeit unseres Gottesdienstes. Der Eure beginnt erst am Morgen! — Die Leute sahen einander an und wußten nicht, was sie von dem wunderlichen Dinge halten sollten. Da ward das Thor von innen zugeworfen und so blieb den Männern nichts Besseres übrig, als nach Hause zurückzukehren, da auch auf dem Pfarr= hof und beim Kirchner Alles noch dunkel war. Der fremde Mann aber nahm meinen Großoheim bei der Hand, führte ihn etliche Schritte von den Uebrigen abseits hinter die Kirche und sprach heimlich zu ihm: Komm drei Tage vor dem Johannis= abend um Mitternacht her, so will ich Dir den Weg zum Glücke weisen! Sprich aber zu Niemandem von meiner Ein= ladung ein Wort, sonst könnte Dir Uebles widerfahren! Bei diesen Worten war er auch verschwunden. — Während ihres Heimweges fiel der Nebel, der Himmel ward heiter und die Sterne blickten klar hernieder; an ihrem Stande erkannten aber die Männer, daß es gerade Mitternacht wäre, wie es ihnen auch der Haushahn auf dem Bauernhof von fern entgegenkrähte. Die älteren Leute begaben sich wiederum zur Ruhe, während das junge Volk wachend den Morgen erwartete. Erst nach mehreren Stunden war es rechte Kirchgangszeit und so machten sie sich von Neuem auf den Weg. Später aber erzählten sie den Nachbarn von ihrem Kirchgang in der Christnacht; so kam die Rede davon unter die Leute und auch dem Pfarrer zu Ohren. Der beschied die Männer vor sich, forschte sie über das Begebniß genau aus und hieß sie ferner darüber schweigen, da ihr vermeintlicher Kirchgang in der Christnacht nichts anderes als ein lebhafter Traum gewesen sein könne. Die Leute wußten es freilich ihrerseits sicher, daß sie wirklich zur Kirche gegangen und wachen Auges den Vorfall erlebt hatten, mochten aber nicht weiter gegen den Pfarrer streiten und gelobten Stillschweigen. Was konnte das aber noch helfen, da das Gerede schon überall herumging und sich von Tag zu Tage weiter verbreitete. Fange doch Einer den Wind, oder ein Gerede wieder ein, wenn es einmal in der Leute Mund ist!

Mein Großoheim hatte anfänglich fest beschlossen, den Pfad des Glückes aufzusuchen, der ihm gewiesen worden. Je näher aber die Zeit heranrückte, desto tiefer sank ihm der Muth. Wer ihn geladen, oder wer die nächtlichen Kirchgänger gewesen und wie weit ein Christ ihnen Vertrauen schenken könnte, das wußte er sich nicht klar zu machen. Hätte er mit einem anderen verläßlichen Manne sich darüber berathen können, so wären vielleicht seine Bedenken geschwunden; das aber beschwerte sein Herz am meisten, daß ihm der Fremde befohlen, die Sache geheim zu halten. Schon hatte er sich mit dem Gedanken vertraut gemacht, den Versuch nicht zu wagen, als zwei Wochen vor Johannis sich etwas zutrug, was ihn wieder anderen Sinnes machte. Als er eines Abends nach Sonnenuntergang nach Hause ging, fand er ein fremdes altes Mütterchen am Wege sitzen. Er grüßte es und wollte vorüber, aber die Alte hub an und frug ihn, warum er so tief in Gedanken sei, daß er fast wie im Traum einhergehe. Der Mann getraute sich keiner Antwort auf des Mütterchens Frage, da er die Wahrheit nicht sagen konnte und auch nicht lügen

mochte. Die Alte errieth wohl seine Gedanken, denn sie sprach:
Willst Du mir nicht Deine Hand zeigen, mein Sohn, aus der
ich vielleicht ersehe, was Dein Herz beschwert und Dir einen
guten Rath geben kann? — Der Mann stand unschlüssig da
und wußte nicht, ob er nach dem Wunsch der Alten thun, oder
es lassen sollte. Da sprach sie freundlich: Fürchte nichts! Nicht
in übler Absicht will ich Deine Hand sehen. Ich wünsche Dein
Glück, welches Du wahrlich brauchen kannst, da Du noch jung
und unerfahren bist und des Lebens größere Hälfte noch vor
Dir liegt. Weissagen mag auch bisweilen frommen. Sollte
ich aber etwas in Deiner Hand finden, was besser verborgen
bliebe, so will ich Dir nichts davon sagen! — Nein, nein,
liebes Mütterchen! rief mein Großoheim, verkünde mir Alles,
ob es gut oder schlimm sei; ich fürchte nichts, was mir auferlegt
ist! — Mit diesen Worten streckte er ihr die Hand hin. Die
Alte schob die Brille auf die Nase und begann in seiner Hand
zu forschen. Da mögen die Züge wohl kraus durcheinander ge=
laufen sein, denn erst nach einer geraumen Weile gab die Alte
dem Wartenden folgenden Bescheid: Du bist ein seltenes Glücks=
kind und großes Heil steht Dir nahe bevor, wenn Du nur klug
genug bist und das unverhoffte Glück so zu fassen weißt, daß es
Dir nicht entschlüpft! Dein Bedenken wegen des fremden Mannes
ist eitel, Du kannst ihm getrost vertrauen, da er Dein Glück
sucht, sich selbst aber keinen Vortheil. Geh ohne Furcht wohin
man Dich ruft, daher hast Du nichts Arges zu besorgen! Nur
Dein eigenes Herz kann fehlen; hüte Dich vor dem Zweifel und
erfülle treu, wozu Weisere Dich leiten! Gedenkst Du aber ein=
mal ein Weib zu freien, so gieb wohl Acht und sieh Dich vor,
sonst geräthst Du in's Unglück. Ein glattes Ei hat bisweilen
mageren Inhalt und die Ehestandslinien in Deiner Hand sind
ein wenig verworren. Mit Vorsicht kannst Du allen Nach=

stellungen entgehen. Mehr darf ich Dir jetzt nicht verkünden, sollten wir aber einmal zufällig wieder zusammentreffen, wirst Du mir sicherlich für meine heutige Unterweisung Dank wissen!

Der Mann langte mit der Hand in die Tasche nach einigem Gelde, um die Alte für ihren Dienst zu belohnen, aber sie verstand seine Bewegung und rief: Biete mir nicht Geld an, das ich von Niemandem nehme! Ich verkündige dem Volke alle Wahrsagung umsonst, denn sein Glück ist mein höchster Lohn! — Damit erhob sie sich, nahm Abschied und ging leichten Schrittes wie ein junges Mädchen blitzschnell von dannen.

Wenn nun auch mein Großoheim dieses zufällige Ereigniß mehr für Scherz als für Ernst nahm, fand er doch, daß es ihm viel leichter um's Herz geworden, wie wenn eine schwere Last von ihm genommen wäre, weshalb er auch zu dem festen Entschluß kam, den Pfad des Glückes aufzusuchen, auf den er gewiesen worden.

Drei Tage vor dem Johannisabend machte er sich spät abends auf den Weg zur Kirche, um vor Mitternacht daselbst einzutreffen. Je näher er kam, desto bänglicher wurde es ihm um's Herz, gleich als riefe ihm Jemand in's Ohr: Du bist nicht auf rechten Wegen! Auch hätte nicht viel gefehlt, so wäre er wieder nach Hause umgekehrt. Da erhob sich in den Lüften eine lieblich klingende Stimme und er vernahm die Worte:

> „Weiche doch von Deinem Glück
> Zagen Sinnes nicht zurück!
> Dich beschützen die Behüter,
> Dich erwarten große Güter,
> Weiche doch von Deinem Glück
> Zagen Sinnes nicht zurück!"

Dieser Gesang ließ seinen Muth wachsen, er schritt rascher vorwärts und gelangte bald vor das Thor der Kirche, welches geschlossen war. Links hinter der Kirche trat aber der fremde

Mann hervor und sprach: Das ist recht, daß Du meiner Ein=
ladung gefolgt bist! Ich wartete hier schon eine Weile und
mußte schon fürchten, Du kämest nicht mehr und ich würde nicht
weiter mit Dir reden können. Unser Kirchgang in der Christ=
nacht findet immer nach je sieben Jahren einmal statt und wohl
immer zu einer Stunde, wo alle Menschen schlafen. Deshalb
habe ich auch bisher Niemanden gefunden, dem ich zu seinem
Glücke hätte helfen können. Meine Zeit ist kurz, das Käuzchen ruft
mich beim ersten Hahnenschrei nach Hause. Gieb also wohl darauf
Acht, was ich Dich lehre, merke Dir jedes Wort und thue nach
meiner Weisung! Auf Eurer Wiese steht ein Hügel, den das
Volk die Grabstätte¹) nennt. Auf dem Hügel wachsen drei
Wacholderbüsche und unter dem mittelsten ruht ein unermeßlicher
Schatz aus uralter Zeit. Diesen kannst Du heben, wenn Du
die Hüter des Schatzes zu versöhnen²) weißt und meine Vor=
schrift genau erfüllst. Verschaffe Dir drei schwarze Thiere, ein
befiedertes und zwei behaarte, schlachte sie den Hütern der Stätte,
wo der vergrabene Schatz ruht, und trage Sorge, daß von dem
Opferblut auch nicht der kleinste Tropfen verloren gehe, sondern
Alles den Hütern hinabrinne und ihr Herz gegen Dich erweiche.
Dann schabe von Deiner Spange einige Flöckchen Silber auf
das Blut, damit der Glanz des irdischen Silbers dem unter=
irdischen entgegenleuchte und es auf den Weg führe. Darauf
schneide von dem Wacholderbusch eine Ruthe, drei Spannen
lang, neige sie mit der Spitze dreimal gegen den Rasen, wo Du
das Blut opfertest, und wandle neunmal von Abend gegen
Morgen um den Wacholderbusch herum. Auf jedem Umgange
aber schlage dreimal mit der Ruthe unter den Busch auf den
Rasen und rufe bei jedem Schlage: Igref!³) Auf dem achten
Gange wirst Du ein unterirdisches Geklimper von Geld ver=
nehmen und nach dem neunten Gange wird Dir Silberglanz

entgegenschimmern. Dann falle nieder auf Deine Kniee, neige Dein Gesicht zur Erde und rufe neunmal: Igrek! so wird die Truhe aufsteigen. Warte in Ruhe, bis sie aufsteigt. Vorher werden Dir zwar manch unheimliche Spukgestalten erscheinen, die brauchst Du aber nicht zu fürchten, denn sie können Dir nichts zu leide thun, wenn Du furchtlos bleibst. Sie haben weder Körper noch Seele, sondern sind leere Schattenbilder, die nur eines Mannes Muth erproben sollen, ob er so großen Glückes werth sei, daß der Schatz ihm zu Theil werden könnte. Wenn Du bei ihrem Anblick auch nur die mindeste Furcht zeigst, so mußt Du mit leeren Händen abziehen. Du sollst aber am Johannisabend, wenn ringsum die Feuer brennen und das Volk bei ihrem Scheine lustig ist, mit den drei schwarzen Thieren zur Schatzgrube gehen. Den dritten Theil des gefundenen Reichthums sollst Du den Armen austheilen, denn an dem Uebrigen wirst Du noch die Fülle haben!

Diese Weisung wiederholte der Fremde Wort für Wort drei Mal, damit der Mann sie behalte und kein Versehen vorkomme. Als er beim dritten Mal das letzte Wort gesprochen, kündete des Kirchners Hahn die Mitternachtsstunde und alsbald war der Sprechende den Blicken seines Zuhörers entschwunden. Ob er in die Luft gefahren, oder in die Erde versunken war, hätte der Jüngling zuverlässig Niemandem sagen können.

Anderen Tages zog mein Großoheim aus, um die drei schwarzen Thiere zu suchen und fand auch glücklich im Nachbar= dorfe einen schwarzen Hahn und Hund. Dazu fing er in der Nacht einen Maulwurf[4] und hegte und pflegte nun die drei Thiere bei sich, bis es Zeit war, zur Schatzgrube aufzubrechen. Am Johannisabend, als nach Sonnenuntergang alle Leute aus dem Dorfe zum Johannisfeuer gegangen waren, steckte er den Maulwurf in einen Sack, nahm den schwarzen Hahn unter den Arm, band dem schwarzen Hunde einen Strick um den Hals,

damit er ihm nicht davonlaufe, und machte sich dann heimlich
auf den Glücksweg nach dem Schatz. In der hellen Sommer-
nacht war die ganze Gegend sichtbar. Um Mitternacht begann
er sein Werk nach der Lehre des Fremden, schlachtete zuerst den
Hahn, dann den Maulwurf und endlich den Hund, trug Sorge,
daß jeder Blutstropfen an dem bezeichneten Orte auf den Rasen
niederfloß, schabte dann von seiner Spange Silber auf das Blut
und schnitt aus dem Busch eine Wacholderruthe, die drei Spannen
lang war. Die neigte er dreimal mit der Spitze gegen den
blutigen Rasen und begann darauf gegen Morgen den neun-
fachen Umgang, schlug auch auf jedem Gange dreimal gegen den
Rasen unter dem Busch und rief bei jedem Schlage: Igrek!
Auf dem achten Gange vernahm er deutlich ein Geldgeklimper
und auf dem neunten Gange schimmerte ihm Silberglanz entgegen. Da fiel er nach dem neunten Gange nieder auf die
Kniee und rief neunmal nach unten: Igrek! Plötzlich stieg unter
dem Wacholderbusch ein feuerrother Hahn mit goldenem Kamm
auf, schlug mit den Flügeln, krähte und flog davon. Hinter
dem Hahn her warf die Erde einen Scheffel Silbergeld vor des
Mannes Füße. Nun stieg eine feuerrothe Katze mit langen
goldenen Krallen unter dem Wacholderbusch auf, miaute einmal
und sprang davon, wonach die Erde sich abermals aufthat und
einen Scheffel Silber vor den Mann hinwarf, was sein Herz
mit Freuden erfüllte. Dann erschien aus dem Busch ein großer
feuerrother Hund mit goldenem Kopf und Schwanz, bellte auf
und entlief; hinter ihm her flogen aus der Erde etliche Scheffel
Rubelstücke dem Manne vor die Füße. In derselben Weise
kamen der Reihe nach aus dem Busch hervor ein feuerrother,
goldgeschwänzter Fuchs, ein feuerrother Wolf mit zwei goldenen
Köpfen und ein feuerrother Bär mit drei goldenen Köpfen; hinter
jedem Thier flog eine Menge Geld auf den Rasen, hinter dem

Bär aber nach der Schätzung des Mannes wohl eine Tonne
Silber, wonach der ganze Haufe so hoch wie ein Heuschober
sein mochte. Als der Bär verschwunden war, stieg ein Rauschen
und Brausen aus dem Busch hervor, als wenn fünfzig Schmiede
den Blasebalg rührten. Darnach aber erschien aus dem Wacholder=
busch ein ungeheurer Kopf, halb Mensch, halb Thier, mit neun
Fuß langen goldenen Hörnern und zwei Ellen langen goldenen
Hauern im Rachen. Schrecklicher noch als sein Ansehen waren
die Feuerfunken, die ihm wie kochendes Eisen aus Mund
und Nüstern hervorsprühten und das Brausen erregten. Der
Mann glaubte schon im nächsten Augenblick von den Funken
verbrannt zu sein und als jetzt das Ungeheuer sich höher reckte
und den Kopf ihm zuwandte, da ließ ihn die Angst nicht ferner
des fremden Mannes Lehre bedenken und mit gesträubtem Haar
floh mein Großoheim davon. Auf der Flucht spürte er noch
eine Weile den feurigen Athem des Gespenstes im Nacken und
dankte seinem Schicksal, daß ihn die Beine noch weiter trugen;
auch hatte er nicht Zeit zurückzusehen, da der Feind ihm ohne
Unterlaß auf der Ferse war und ihn jeden Augenblick umbringen
konnte. Aus Leibeskräften rannte er weiter, so daß ihm die
Brust zu zerspringen drohte, bis er endlich auf seinen Hof ge=
langte, wo er wie todt niederfiel.

Erst gegen Morgen weckten ihn die Sonnenstrahlen aus
seinem Schlaf oder aus der Ohnmacht. Der Kopf war ihm
dumpf und schwer und es dauerte lange, bis er sich auf die
Vorgänge der Nacht klar besinnen konnte. Da war es denn
sein Erstes, daß er aus der Scheune drei sechslöfige Säcke her=
beitrug und mit denen zum Hügel lief, um sie mit dem Schatz,
den die Erde nächtlich ausgespieen, zu füllen, ehe ihm fremde
Leute zuvorkämen. Auf dem Hügel fand er die drei Wacholder=
büsche an ihrem alten Platz, auch die drei geschlachteten Thiere

und die Wacholderruthe lagen da, aber von dem Gelde zeigte sich nicht die geringste Spur und auch auf dem Rasen um den Busch herum, wo der Silberhaufen gelegen, war nicht das kleinste Merkmal davon zu sehen, noch ein Zeichen von dem Ort wahr= zunehmen, wo die Erde sich aufgethan hatte, um die gespenstigen Thiere und das Geld auszuwerfen. Darum hätte man wohl glauben mögen, daß Alles nur ein Traum gewesen, wenn nicht die Körper der getödteten Thiere die Wirklichkeit der nächtlichen Ereignisse be= zeugt hätten. Der Schatz aber, den der Mann gesehen, war wohl wieder in die Erde zurückgesunken, wo er vielleicht noch heute auf einen kühneren Mann wartet, der vor spukhaften Schattenbildern nicht davonläuft, sondern den Schatz an's Licht bringt. —

Ob sich die zweite Prophezeihung des alten Mütterchens von dem Eheschicksal meines Großoheims später erfüllt habe oder nicht, davon weiß ich nichts zu erzählen. Wenngleich mein Großoheim oftmals von seiner Schatzgrabung sprach, ließ er doch nie ein Wort über seine Herzenserlebnisse fallen. Vielleicht ist es ihm auch in diesem Stücke schlimm gegangen, — er hat aber Anderen nichts verrathen wollen und lieber in aller Stille sein Kreuz getragen.

———•———

41. Die drei Schwestern.

Es lebte einmal ein Bauer, der hatte drei Töchter. Die zwei älteren waren hoffärtig und mochten nur schöne Kleider und seidene Tücher tragen, die jüngste aber hatte ein stilles Wesen, führte fleißig den Haushalt und war immer willfährig Allen zu dienen und zu helfen.

Einst wollte der Bauer junges Geflügel zu Markte führen,

nahm also Abschied von den Töchtern und sprach? Was soll
ich Euch aus der Stadt mitbringen?

Die älteren Schwestern verlangten seidene Kopftücher, bunte
Bänder und Goldschmuck, die jüngste aber schwieg.

Der Bauer, der die jüngste Tochter nicht weniger liebte,
sprach zu ihr: Nun, Töchterchen, wünschest Du Dir nichts?

Ach freilich, antwortete sie, aber ich möchte nichts nennen,
damit Du meinetwegen nicht Geld ausgäbest. Bekommst Du
aber etwas umsonst, so bringe es mir mit!

Der Bauer versprach es und fuhr zur Stadt, wo er sein
Geflügel wider Verhoffen mit großem Vortheil verhandelte.
Wohlgemuth trat er in einen Laden und kaufte nun Alles ein,
was seine Töchter begehrt hatten. Endlich sprach der Krämer:
Bauer, willst Du nicht etwas geschenkt haben?

Ei, versetzte der Bauer, wer möchte wohl ein Geschenk
zurückweisen!

Gut, so kannst Du eines von den Jungen nehmen, die uns
unsere Ladenkatze bescheert hat. Ich mag sie nicht alle in den
Fluß werfen. Da, stecke das kleinste ein! Es wird Dir zu
Hause die Kornmäuse vertilgen!

Der Bauer bedankte sich bei dem Krämer, hob das Kätzchen
in den Wagen und fuhr davon. Auf dem halben Wege kamen
ihm die älteren Schwestern entgegengelaufen, fragten hastig nach
den Geschenken und nahmen sie ohne großen Dank in Empfang.

Als der Bauer auf dem Hof angelangt war und seinen
Gaul abschirrte, kam auch die jüngste Tochter fröhlich herbei,
grüßte ihn und fragte: Aber nicht wahr, Väterchen, Leute, die
etwas schenken, giebt's wohl in der Stadt nicht mehr?

Freilich, meine Goldtochter, giebt's solche noch! antwortete
der Bauer, darum habe ich Dir auch ein Geschenk mitgebracht.
Geh nur zum Wagen, da wirst Du es finden!

Jetzt liefen auch die älteren Schwestern herbei, um das Ge=
schenk der jüngsten zu betrachten. Als das Kätzchen zum Vor=
schein kam, lachten sie und wollten es fortscheuchen, aber die jüngste
Schwester nahm es liebevoll auf den Arm, trug es in die Stube
und setzte ihm ein Schälchen Milch vor. Seitdem nährte und
pflegte sie es sorgsam und das Kätzchen gedieh und ward dem
Mädchen von Tag zu Tag lieber.

Am nächsten Sonntag gingen die hoffärtigen Schwestern in
ihrem neuen Putz zur Kirche, ließen aber die jüngste zur Be=
sorgung der Hausgeschäfte daheim. Betrübt trat sie aus dem
Hause in den Garten und hielt ihr Kätzchen auf dem Arm. Da
kam eine bunte Elster geflogen und ließ sich auf dem Gartenzaun
nieder. Im nächsten Augenblick schlich das Kätzchen ihm nach
auf den Zaun und haschte nach dem Vogel. Der flog kreischend
auf und ließ aus seinem Schnabel eine goldene Spange nieder=
fallen. Das Mädchen hob den glänzenden Fund auf, betrachtete
ihn staunend und verbarg ihn in ihrer Lade, sagte auch
Niemandem ein Wort von dem, was geschehen war.

Am zweiten Sonntag waren die älteren Schwestern wieder
in der Kirche und ließen ihren Putz von den Burschen begaffen,
die jüngste aber spielte daheim im Garten mit ihrem Kätzchen.
Plötzlich gewahrte sie wieder auf dem Zaun die Elster, die dies=
mal zwei goldene Ringe im Schnabel trug. Schnell sprang
auch das Kätzchen dem Vogel nach und wieder flatterte er
ängstlich davon und ließ die Ringe fallen. Das Kätzchen nahm
sie zwischen die Zähne und trug sie der Jungfrau in den Schoß.
Sorgfältig verwahrte sie auch diesen Fund wie den ersten.

Am dritten Sonntag wollten die älteren Schwestern daheim
bleiben, da ein Regen aufzuziehen drohte, sprachen also zur
jüngsten: Geh Du nur zur Kirche, Deinesgleichen verträgt schon
schlechtes Wetter!

Die jüngste Schwester war froh, nach langer Zeit die Predigt hören zu können, machte sich bereit, nahm ihre Schätze aus der Lade, schmückte sich heimlich mit der blitzenden Brustspange und den Ringen und schlüpfte davon.

Unterwegs fielen die Blicke aller Kirchgänger auf die Jung=frau, im Gotteshause bewunderte die ganze Gemeinde ihren Schmuck und die jungen Bursche fanden sie noch einmal so schön als früher.

Als die älteren Schwestern am folgenden Sonntag solches Gerede der Leute vernahmen und bemerkten, daß Niemand mehr auf ihren Putz achtete, wollten sie vor Neid und Haß schier bersten, eilten nach Hause und fragten die jüngste aus, von wem sie den Schmuck habe? Von dem Kätzchen! antwortete sie und erzählte ihnen Alles, wie es sich zugetragen. Da sprachen die älteren Schwestern: Wir wollen es noch besser machen! nahmen das Kätzchen, lieb=kosten und fütterten es und führten es wohl zehnmal am Tage in den Garten. Das Kätzchen aber, welches bisher nur Schläge von ihnen empfangen hatte, streckte den falschen Dirnen die Krallen entgegen oder entwischte ihren Händen, wo es nur konnte. Darüber ärgerten sie sich, ersahen eine Gelegenheit und schlugen es todt. Dann warfen sie es in den Schilf am See.

Indeß hatte die jüngste Schwester ihr Kätzchen vermißt und war ausgegangen es zu suchen. Als sie es nirgends fand, weinte sie bittere Thränen und rief auf Weg und Steg: Wer hat mein Kätzchen umgebracht? Die älteren Schwestern aber sprachen unter einander: Was soll dem dummen Mädchen der kostbare Schmuck? Wir müssen ihn haben und wenn es der Dirne das Leben kostete!

So liefen sie ihr nach, lauerten ihr im Walde auf, sprangen hervor und erschlugen sie wie das Kätzchen. Dann verscharrten sie den Leichnam im Dickicht unter einem Sandhügel und deckten

das Grab mit Schilfrohr vom See zu. Darauf gingen sie nach
Hause, nahmen den Schmuck der Todten an sich und sprachen
zum Vater: Eben haben Zigeuner das dumme Mädchen fort-
geschleppt!

Aber das Schilf auf dem Grabe der unschuldigen Jungfrau
faßte Wurzel und wuchs noch in derselben Nacht mächtig empor.
Anderen Tages trieb der Dorfhirt seine Herde durch den Wald.
Mitten im Walde lief ihm eine junge Kuh vom Wege ab und
rannte in's Dickicht. Scheltend ging er ihr nach, blieb aber verwundert stehen, als er tief im Gebüsch ein dichtes Schilfgestrüpp
gewahrte. Er zog sein Messer hervor und schnitt eines von den
stärksten Rohren ab, woraus er sich im Weitergehen eine Pfeife
machte. Als er hineinblies, sang die Pfeife:

> Einst war ich ein Mägdelein,
> Einst war ich jung und fein,
> Jetzt seit zwei Tagen
> Bin ich grausam erschlagen!

Als der Hirt dieses Lied vernahm, ahnte ihm Böses; voll
Schreck lief er auf's Schloß zu dem Landesherrn und sagte ihm
Alles an. Dabei sang auch die Pfeife wieder ihr Lied. Der
Fürst sprach: Hier ist eine schwere Schuld begangen, die wir
an's Licht bringen müssen! Dann nahm er Knechte mit sich
und ritt zu dem Grabhügel im Walde, wo das Schilfrohr wuchs.
Sie gruben den Hügel auf, fanden das Mädchen und erkannten
es sogleich, denn es lag mit rothen Wangen wie im Schlafe da.
Aber die Pfeife in der Hand des Hirten hub an zu singen:

> Einst war ich ein Mägdelein,
> Einst war ich jung und fein,
> Bin jetzt seit ehegestern
> Erschlagen von den Schwestern!

Da befahl der Fürst das Mädchen aufzuheben und auf sein
Schloß zu tragen, zu den älteren Schwestern aber schickte er
Knechte, ließ sie in Ketten werfen und nach dem Schlosse schleppen,
denn er gedachte strenges Gericht zu üben an den Uebelthäterinnen.
Als sie mit der Todten in den Schloßhof zogen, sang die Pfeife
wieder:

> Schöpfe nur die Welle
> Aus der heiligen Quelle,
> Netze Augen mir und Mund
> Und sogleich bin ich gesund!

Es soll geschehen! rief der Fürst, trat zur Quelle, die auf
dem Schloßhof sprudelte, schöpfte mit der Hand Wasser und
netzte damit der Todten Angesicht[1]). Sogleich richtete sie sich
auf, schaute im Kreise umher und wie sie ihre Schwestern in
Ketten erblickte, warf sie sich dem Fürsten zu Füßen und bat
um Vergebung für die Uebelthäterinnen.

Sie verdienen zwar verbrannt zu werden, sprach der Fürst, da
Du aber, fromme Jungfrau, selbst für sie bittest, so mögen sie weiter
leben, bis sie an ihrer Schande und Schmach zu Grunde gehen!

Der Fürst hatte aber einen Knappen, eines Edelmannes
Sohn, der trat aus der Menge hervor und sprach: Herr, diese
liebe Jungfrau, die Ihr so wunderbar erwecktet, sollte wohl eines
Ritters Gemahl sein! Doch wenn es Euer gnädiger Wille ist,
so gebt sie mir zum Weibe!

Der Fürst sprach: Deine Rede gefällt mir wohl, doch mußt
Du zuvor den Willen der Jungfrau erkunden! — Sie aber war
dem Jüngling geneigt, reichte ihm die Hand und gewann also,
obgleich aus niederem Stande, einen edelgeborenen Gemahl.
Darauf sprach sie zum Fürsten: Erbarmt Euch nun auch meines
armen Kätzchens und macht es mit dem heiligen Wasser gesund,
denn es ist gewißlich umgekommen!

Der Fürst lächelte und fragte, wo das Kätzchen wäre?

Die älteren Schwestern antworteten zitternd: Wir haben es erschlagen und in den Schilf geworfen!

So sollt Ihr es herbeischaffen! rief der Fürst und hieß sie gehen.

Nun liefen sie den Weg hinab zum See und kamen an's Ufer. Als sie über das Ufer in den Schilf traten, um nach dem todten Kätzchen zu greifen, da wich der Schilfgrund unter ihren Füßen und sie versanken in die Tiefe. Niemand hat sie je wiedergesehen. Auch das Kätzchen blieb verschwunden. Aber als die Söhne der jüngsten Schwester heranwuchsen und große Kriegshelden wurden, nahmen sie zum Gedächtniß an den wunderbaren Ursprung ihres Geschlechts einen Katzenkopf in ihr Wappenschild.

---

42. Die Geldmünzer von Leal.

Wer nach dem Städtchen Leal kommt, dem fällt schon von fern das Gemäuer des alten Schlosses in's Auge, das die Gestalt eines großen Hundes zu haben scheint. Diese Gestalt hat es aber, wie die Leute sagen, deshalb, weil in diesem Schlosse einst der Höllenhund hauste. In Kriegszeiten ward das Schloß verheert, aber auf des mächtigen Hundes Gebot blieb ein Theil der Mauern in Hundegestalt stehen. Da trieb der Höllenhund sein Wesen wie ehedem. Von den Menschen wagte es keine Seele abends oder nachts dem Schlosse nah zu kommen, denn wenn es finster war, hörte man dort immer ein Getöse und Gepolter.

Ein junger Edelmann, der von der Geschichte des Schlosses
hörte, nahm sich vor hinzugehen, um zu erfahren, was es
nachts im Schlosse gäbe. Wohl warnten ihn seine Freunde,
aber er achtete dessen nicht, lachte sie mit ihrer Furchtsamkeit
aus und ging tapfer hinauf zum Schloß. Mitten auf dem
Wege trat ihm ein langer Mann in schwarzen Kleidern ent=
gegen und hieß ihn zurückgehen. Der Edelmann kehrte sich
aber nicht daran, sondern schritt rüstig weiter. Plötzlich
verschwand der Boden unter seinen Füßen und er sank in die
Tiefe. Endlich gewann er wieder Halt, schlug die Augen auf
und fand, daß er auf ein Strohlager gefallen war. Er stand
in einem weiten Saale, der viele Ausgänge hatte. Ein lauter
Lärm schlug an sein Ohr. Jetzt sah er sich genauer um und
bemerkte, daß eine von den Thüren halb geöffnet war und daß
in dem anstoßenden Saale viele Werkleute arbeiteten. Furchtlos
trat er über die Schwelle in den Saal. Da lagen ungeheure
Haufen von eitel Silber und Gold, davon trugen die Männer
Stück um Stück auf den Ambos und schlugen Alles zu Geld.
Staunend betrachtete der Edelmann das Werk der Geldmünzer.
Plötzlich erblickte ihn einer von den Männern. . . . Du mußt
sterben! rief er aus. Bisher hat noch keines Menschen Auge
unsere Arbeit belauscht! — Lassen wir ihn am Leben! riefen
die Anderen. Er muß aber geloben, nichts davon zu ver=
rathen, was er hier sieht. Sonst wird ihn unser Wirth, der
Hund, von der Oberwelt hierher bringen und ihm auferlegen,
bis in Ewigkeit Geld zu schlagen!

Der Edelmann gelobte mit einem Eide Stillschweigen.
Damit gaben sie sich zufrieden und bevor er sich noch recht
besinnen konnte, verschwand Alles vor seinen Augen und er
stand wieder oben vor dem Gemäuer.

Der Edelmann hielt sein Wort. Zehn Jahre gingen so vor=

über und Niemand hatte etwas davon gehört, was mit ihm
unter dem Schlosse geschehen war. Als er nun eines Tages
alles dessen gedachte, stand auf einmal ein schwarzer Mann
neben ihm, stellte einen tüchtigen Sack vor ihn hin und sprach:
Das soll Dein Lohn sein, weil Du Dein Wort gehalten
hast! — Der Sack aber war voll Gold und Silber.

Jetzt begann für den Edelmann ein neues Leben. Ohne
Unterlaß gab er Feste und suchte Lustgelage. Von seinem
großen Vorrath nahm er Gold und Silber nach Bedarf, aber
der Schatz ward darum nicht kleiner. Alle wunderten sich
über seinen Reichthum und suchten zu erforschen, woher er
ihn habe.

Einst feierte der Edelmann ein prächtiges Fest. Da brachten
sie wieder die Rede auf seinen Reichthum. Der Edelmann aber,
dem der Wein die Zunge löste, erzählte den Gästen Alles, was
sich zugetragen. Doch kaum war das Fest zu Ende und die
Gäste vom Hof gefahren, als der Edelmann spurlos verschwand.
Wohl suchten sie ihn allerwegen, aber vergeblich. Endlich fiel
es ihnen ein, was er von der Drohung der Unterirdischen
geredet hatte. Da nun viele von ihnen, als sie von jenem
Feste heimfuhren, einen schwarzen Hund auf dem Edelhofe
gesehen hatten, so meinten sie, das könne kein Anderer gewesen
sein, als der Schloßhund von Leal, der den Schwätzer geholt
und zur Münzerarbeit abgeführt habe.

43. Die Geldlade.

Ein großer Krieg war entbrannt. Ueberall verwüstete man das Land und tödtete die Leute. Auch die Insel Dagö blieb nicht von der Geißel verschont. Auch dahin drangen die Feinde und setzten daselbst ihr blutiges Werk fort, das sie auf dem Festlande begonnen. Sie hieben alles Volk nieder und führten Hab und Gut mit sich fort. So herrschte überall Furcht und Schrecken. Nur die Männer von Kertell [1]) wollten nicht leichten Kaufes sich und ihr Gut an den Feind verlieren. Sie zimmerten eine mächtige Lade zurecht, ließen sie vom Schmied mit starkem Eisen beschlagen, thaten all ihr Gold und Silber hinein und versenkten sie darauf im Flusse bei der alten Brücke. Sie selbst aber flohen in die Wälder. Doch die feindlichen Scharen durchstreiften auch die Wälder und viele Flüchtlinge mußten unter ihrer Hand das Leben lassen. Andere retteten sich zwar, da aber bald auf den Krieg eine große Pestilenz folgte, so kamen auch diese um. Von Allen, die den Schatz in Kertell versenkt hatten, war jetzt Niemand mehr am Leben. So ging wohl ein Gerücht im Lande um, daß ein großer Schatz irgendwo verborgen sei, aber Niemand wußte seinen Ort anzugeben.

Seitdem waren viele Jahre vergangen und die Rede von dem Schatz im Volke fast schon verstummt. Als nun eines Abends ein Mann noch spät zum Kruge wollte und eben an den Fluß gelangt war, da erblickte er am Ufer eine kleine Flamme, [2]) die einige Zoll hoch über dem Boden in der Luft brannte. Gleich fiel ihm die Rede vom versenkten Schatz ein, er nahm die Pfeife aus dem Munde, legte sie neben sich auf einen Stein und schlich dann auf den Zehen dem Flämmchen näher. Als er schon hart dabei war, erlosch plötzlich das Licht

und so viel er sich auch mühte, entdeckte er doch nicht die
kleinste Spur davon. Verdrießlich kehrte er um. Wie er nun
nach seiner Pfeife auf dem Stein griff, gab es neuen Aerger,
denn auch die Pfeife war verschwunden. Er blickte schärfer hin
und gewahrte nun, daß statt dessen Geld auf dem Steine lag.
Er sah sich um, gewahrte Niemand, steckte das Geld ein und
eilte zum Kruge, wo er sich an diesem Abend für den Fund
einen schweren Kopf erwarb. Am anderen Abend trieb es ihn
wieder zum Kruge und wie zum Scherz ging er auch an dem
Stein vorbei. Sieh, da lag wieder Geld auf dem Stein!
Damit that der Mann wie am ersten Abend. So oft nun
auch in Zukunft der Mann seinen Stein aufsuchte, immer fand
er da Geld. Alle Nachbarn wunderten sich darüber und wollten
wissen, wie er zu seinem Reichthum gekommen wäre. Er
leugnete es auch nicht und sagte ihnen Alles. Thor! sprachen
sie, merkst Du nicht, daß da die Geldlade der Leute aus der
Pestzeit liegt? Laß uns eilig einen Schwarzkünstler um Rath in
dieser Sache fragen!

Der Mann steckte eine tüchtige Branntweinflasche zu sich
und machte sich ungesäumt auf den Weg zu dem Zauberer.
Diese Gabe löste des Zauberers Zunge und als er Alles
von ihm erfahren hatte, sprach er zu dem Manne: Wenn Du
die Geldlade erlangen willst, so hast Du nichts Anderes zu
thun, als an dreien Donnerstagen abends an den Ort zu
gehen, wo Du das Flämmchen erblicktest, und daselbst jedes=
mal einen Hahn zu schlachten. So wirst Du schon erfahren,
was dann geschieht. Sprich aber zu Niemandem ein Wort
darüber, dann wird Dir die Lade sicher zufallen!

Der Mann dankte dem Schwarzkünstler für den guten
Rath, eilte davon und richtete sich auf sein Vorhaben ein.
Am Abend des ersten Donnerstages schlachtete er am Ufer

einen Hahn, aber es wollte sich ihm nichts zeigen. Nicht anders geschah es am zweiten Donnerstage. Am dritten aber nahm er mehrere Gefährten mit sich und schlachtete den dritten Hahn. Kaum war das vollbracht, als plötzlich die große Geldlade auf dem Wasser erschien. Sogleich sandte der Mann seine Gefährten nach Seilen, Hebeln und Stangen und als sie damit zurückkehrten, ging man an's Werk. Aber die Lade war schwer wie Blei, so daß die Männer alle ihre Kraft daran setzen mußten. Mit großer Anstrengung gelang es ihnen endlich doch, die Lade bis ganz an das Ufer zu schaffen. Dabei blickte einer von den Männern zufällig auf, sah nach der Brücke hin und gewahrte da einen kleinen Jungen, der auf einem Schwein ³) hergeritten kam. Das schien ihm so wunderlich, daß er unversehens rief: Seht doch das Männchen, das da herkommt! So bald er aber diese Worte gesagt hatte, verschwand das Schwein mit dem Knaben, die Hebel und Stangen brachen und die Geldlade sank wie ein Stein in's Wasser zurück, wo sie in der Tiefe verschwand. Wohl schlachteten die Männer in Zukunft abends an den Donnerstagen noch manchen Hahn, aber die Geldlade kam nimmer wieder zum Vorschein.

---

44. Der Schatz des Bösen.

Einem Schweden mit Namen Torsten Grön gefiel es zu Hause nicht länger und es gelüstete ihn fremde Länder und Völker zu sehen. Er hatte das Schuhmacherhandwerk erlernt und darum fürchtete er nicht, daß er in der Fremde Mangel leiden werde. Auf seiner Wanderschaft gelangte er endlich nach Litauen, wo er sich bei einem Meister auf längere Zeit verdang.

Eines Sonntags hatte er den ganzen Nachmittag in der Schenke mit seinen Freunden gezecht. Als er sich endlich auf den Heimweg machte und an dem Sandberg vorbeikam, sah er in seiner Nähe ein Feuer auf dem Sande brennen. Er trat hinzu, fing an zu graben, wo das Feuer brannte, und stieß bald auf einen eisernen Kasten. Den öffnete er und fand darin eine Kanne, die voll Gold war. Der Mann steckte ein und nahm mit sich, so viel er nur vermochte. Das Uebrige ließ er an seinem Platze und eilte heim.

Am anderen Morgen gab er seinem Meister zu wissen, daß er nicht länger bei ihm arbeiten möge, sondern weiter auf die Wanderschaft wolle. So machte er sich auf den Weg und kam endlich nach Ringen in unser Land, wo er des Ringenschen Schloßherren Schuhmacher wurde. Als er dort eines Abends allein in seiner Stube saß, hörte er plötzlich ein Horn laut durch das Schloß tönen. Verwundert ging er hinaus, um zu erfahren, was es damit auf sich hätte. Im Schloßhof war aber Niemand zu sehen. Auch draußen vor dem Schloß war es so still wie in seiner Stube. Kaum war er aber zurückgekehrt, als er das Horn zum zweiten Male vernahm. Wieder ging er hinaus und sah doch wieder nichts.

Der Mann wußte nicht, was er davon halten solle. Er nahm sein Gebetbuch zur Hand, las den Abendsegen und ging zur Ruhe. Eine gute Zeit mochte er schon geschlafen haben, als er plötzlich erwachte. Im Schlosse vernahm er ein heftiges Gepolter und Geprassel, als wollten die Mauern einstürzen. Als er die Augen aufschlug, sah er in seiner Stube eine Menge brennender Kerzen und vor seinem Bette standen zwei Frauen, die eine in rothem, die andere in grünem Kleide. Sie legten die Hand auf ihn und hießen ihn in den Saal zum Tanze kommen. Der Schuhmacher, der noch halb im Schlafe lag und sie für Mädchen vom Gute hielt, antwortete: Zur Hölle mit Euch Weibsleuten! Ist es jetzt etwa rechte Zeit zum Tanzen?

Die Frauen wandten sich um und sprachen: Gedenke des Goldes, das Du Dir vom Sandberge nahmst! — Darauf gingen sie hinaus in den Schloßsaal und warfen die Thür so heftig hinter sich zu, daß das ganze Haus erdröhnte. Dann erloschen auf einmal alle Kerzen. Der Mann aber kehrte sich auf die andere Seite und schlief weiter.

Als er anderen Tages erwachte, fand er, daß er mit dem Kopf und Oberkörper im Saal, mit den Beinen aber in seiner Stube lag. Alle Glieder thaten ihm grausam weh und bald begann sein ganzer Körper aufzuschwellen. Unter dem Hemde auf der Brust trug er von zwei Händen Male, die alle Finger eingedrückt zeigten.

Unter großen Schmerzen siechte er hin und starb nach einem halben Jahre, ohne daß die Fingermale von seiner Brust geschwunden wären. Kurz vor seinem Ende beschied er den Pfarrer zu sich und vermachte all sein Geld und Gut der Kirche. Dafür sollte die Kirche eine große Glocke erhalten. Als sie aber nach seinem Tode kamen und die Schätze heben wollten, fanden sie den Kasten leer, obgleich das Schloß wohl verwahrt gewesen. Der böse Geist, der ihm das Gold gegeben, hatte es ihm auch genommen. Er selbst aber ward in der Kirche zu Ringen unter der Kanzel bestattet.

---

45. Der verhexte Gaul.

Einem Bauer war sein alter Ackergaul verendet.

Er zog dem todten Thiere die Haut ab und schaffte den Körper hinter die Dreschtenne, um ihn am anderen Tage daselbst zu verscharren. Beim Weggehen bemerkte er, wie eine große Kröte vom Scheunenthor herangekrochen kam und unter den todten Gaul schlüpfte.

Laß Dir nur das herrliche Gericht schmecken, morgen werf'
ich Deinen Leckerbissen in die Grube! brummte der Bauer für
sich hin.

Zur Nacht stieg er in der Tenne auf die Lattenlage hinauf,
wo das Getreide zum Dörren liegt, und schlief ein. Um Mitter=
nacht vernahm er ein Geräusch hinter der Tenne, als schlürfe
und schleppe sich Jemand langsam vorwärts. Er meinte aber,
daß es vom Winde käme, der am Scheunenthor rüttelte, und
kümmerte sich nicht weiter darum.

Nach einer kleinen Weile weckte ihn das Geräusch von Neuem.

Jetzt erkannte der Bauer, daß Jemand vor das Thor der
Scheune gestolpert käme und vernahm auch deutlich, wie ein
Versuch gemacht ward, das Thor zu öffnen. Der Bauer ver=
meinte, er werde es mit einem Diebe zu thun bekommen, behielt
das Thor scharf im Auge und sah, wie es sich aufthat und im
weißen Licht des Mondes sein todter Gaul hereintrat.

Bei diesem schrecklichen Anblick stieg ihm das Haar zu Berge
und er verbarg sich in dem finsterſten Winkel.

Der todte Gaul durchsuchte schnüffelnd und schnarchend die
Tenne. Als er zu merken schien, daß der Bauer sich oben ver=
steckt halte, begann er mit den Vorder= und Hinterfüßen so heftig
gegen die Dörrstangen zu schlagen, daß die ganze Tenne davon
widerhallte. Schon brach eine von den Stützstangen, bald die zweite
und dritte und des Bauern Angst stieg mit jedem Schlage, den
der Gaul wie mit einem Schmiedehammer gegen die Stangen
führte. Drei Stangen waren noch unversehrt und auf diese
schlug jetzt das böse Geschöpf mächtig los. Es währte nicht
lange, da brachen auch sie, — dem Bauer aber gelang es zum
Glück sich an dem Streckbalken festzuklammern. Bald erlahmten
aber seine Hände und wäre er jetzt niedergefallen, so hätte ihn
der Gaul sogleich todtgeschlagen.

Noch einen Augenblick — und er wird den Balken fahren laſſen und herunterſtürzen . . . .

Da krähte der Hahn!

Der Gaul ſank wie ein Fleiſchklumpen in ſich zuſammen und der Bauer fiel von oben auf ihn nieder. —

Am anderen Tage ſcharrte der Bauer den Gaul ein und ſchlug dreimal mit der Ferſe des linken Fußes auf die Grube. [1]) Da blieb denn der Gaul auch liegen.

Es war aber ein Hexenmeiſter geweſen, der die Kröte in den Gaul gebannt hatte, um den Bauer in die Klemme zu bringen; denn er hatte einen Haß auf ihn.

Märchen aus dem Heidemoor.

Vorzeiten, als noch Baum und Strauch redete, die Thiere und die Vögel unter dem Himmel eine wunderbare Sprache verstanden und der alte Böse noch offen und ungescheut herum= schlenderte, da hat man auf dem Heidemoor gar seltsame Dinge erlebt. Wer zufällig auf einem Moor weilte, mußte bei Tag und Nacht die Augen offen halten. Wenn es hell war, wagte sich zwar kein Gespenst heran, aber nachts geschah es oft, daß die Leute auf dem Moor geneckt und geschreckt wurden. War Jemand an einem Sommer= oder Herbstabend auf ein Moor gerathen, so hörte er alsbald im Gebüsch ein Gehusche und ein Auf= und Niedertappen und plötzlich geschah es wohl, daß ihm selbst unter seinen Füßen Wasser aufspritzte. An Winterabenden oder um Mitternacht sah er hie und da auf dem Moor kleine Flämmchen tanzen, wenn er aber näher hinzuging, so waren sie wie unter die Erde verschwunden, um bald in der Ferne wieder aufzutauchen. Wer nun gar in der Nacht mitten auf ein Moor gerieth, kam nicht vor dem Hahnenschrei vom Fleck. Hatte Jemand um die Zeit der Heuernte etwas vom Moor zu holen, so vernahm er seltsame Stimmen oder hörte einen Vogel ganz nach Menschenart singen, und wer zur Winterszeit in einem leichten Schlitten über das Moor fuhr, hat es gewiß gehört, wie eine unsichtbare Hand wider die jungen Stämme oder das Eis schlug . . . .

Da gabst du deinem Gaul die Peitsche und eiltest über das Moor davon, wenn es noch in deiner Macht stand.

———•———

46. Der bestrafte Hirtenbube.

Einst waren Mägde in's Moor gesandt, um Moos zu sammeln.

Als sie genug davon gesammelt hatten, um ein großes Sieb zu füllen, hielten sie inne und schickten sich an Beeren zu pflücken.

Da kam ein Hirtenbube herzu und erhob ein tolles Schelten und Fluchen:

Teufelsgesindel Ihr! was habt Ihr auf meinem Moor zu schaffen — Ihr Beeren= und Moosdiebe!

Die Mägde verwiesen es ihm und sagten: Bursche, fluche nicht! Könntest sonst leicht spüren, was Dir aus dem Moor auf den Hals kommt!

Welcher Teufel käme denn wohl da her? Er soll nur kommen, ich fürchte ihn nicht! spottete der Bursche.

Aber plötzlich schrie er auf: Zu Hilfe, zu Hilfe! Ich versinke!

Die Mägde liefen hinzu, aber schon war der Bursche verschwunden, als hätte ihn Jemand an den Füßen in die Tiefe gezogen. —

Ja, unter dem Moor ist Alles ein Abgrund und es soll nicht gut thun, wenn man auf dem Moor den Bösen bei Namen nennt.

---

47. Der wunderliche Heuschober.

An einem Sonnabend im Herbst war ein Frohnmädchen spät abends vom Herrenhofe nach Hause gegangen. Sein Weg führte es über ein gefrorenes Moor.

Die Dirne schritt eilig dahin, ob es aber an ihrer Jugend oder an etwas Anderem lag — trotz des schnellen Ganges fröstelte es sie.

Was mag das wohl bedeuten? dachte sie und beschleunigte ihre Schritte.

Als sie mitten auf das Moor gekommen war, schob sich plötzlich ein großer Heuschober auf ihren Weg.

O, was soll denn das heißen? schrie das Mädchen und blieb wie angewurzelt stehen.

Auch der Heuschober machte Halt.

Das Mädchen wollte rechts an ihm vorüber, aber der Schober trat ihm entgegen.

Jetzt versuchte es die Arme von der linken Seite, aber der Schober versperrte ihr wieder den Weg.

O weh, o weh, was ist denn das für ein Schober? klagte das Mädchen und brach in Thränen aus.

Jetzt betrachtete es den Schober genauer und erschrak noch mehr, denn der Schober trug keinen Gürtel. [1)]

Mit einem gürtellosen Schober kann aber der Böse leicht sein Spiel treiben.

Das Mädchen schrie um Hilfe. Es schrie aus Leibes= kräften, aber je lauter es seine Stimme erhob, desto näher rückte ihm der Schober; endlich war er ihm so nah, daß das Heu dem Mädchen in's Gesicht stach.

So ging es bis gegen Mitternacht. Als aber der Hahn im Dorf krähte, war der Schober verschwunden.

Mit Müh' und Noth gelangte das erschöpfte Mädchen nach Hause und schon nach einer Woche trug man es hinaus auf den Friedhof.

Die Leute erzählen, man höre aus jenem Moor nächtlicher Weile noch heute Hilferufe. In den Dörfern aber giebt man fleißig Acht, daß Jedermann seine Heuschober mit einem Gürtel versehe, und wer es unterläßt, der erhält gleich Schelte.

48. Die Irrlichter.

Ein Bauer fuhr an einem Winterabend von der Stadt Fellin nach Hause. Als er auf das Parika-Moor gelangt war, nahm er wahr, daß etliche Schritte seitwärts vom Wege eine kleine blaue Flamme brannte.

Der Bauer wußte wohl, daß mit solchen Dingen nicht zu spaßen sei, und gab seinem Gaul die Peitsche, um nur rasch von der Stelle zu kommen.

Doch der Gaul ging nicht um einen Schritt mehr vorwärts. Er bäumte sich aber auf, als stände er vor einem Graben.

Jetzt war der Bauer in arger Noth. Mit gesträubtem Haar saß er da und ein kalter Schauder lief ihm über den ganzen Leib.

Was blieb ihm übrig? Er mußte vom Schlitten herunter und nachsehen, was es gäbe.

Da lief nun freilich kein Graben über den Weg, sondern eine offene Grube. Was jetzt?

Der Bauer hätte die Grube umfahren, fand aber zu beiden Seiten tiefes Wasser.

Als er sich umschaute, sah er das blaue Feuer groß wie eine Pechfackel aufflammen. Und sieh, da erhob sich ja noch ein zweites, ein drittes Feuer und auf einmal tanzten viele, viele Feuer auf dem Moor!

Vater, Sohn und heiliger Geist! Was geht denn heute Nacht hier vor? rief der Bauer aus.

Sobald er das gesagt, sprang der Gaul wie von einer Nadel gestochen vorwärts. Kaum gelang es noch dem Bauer sich auf den Schlitten zu werfen und fort ging's in sausendem Galopp.

Von Glück konnte der Bauer sagen, daß ihm der Name Gottes zur rechten Zeit eingefallen war!

---

49. Das Koboldei.

Wenn vorzeiten Jemand im Frühling, Sommer oder Herbst auf ein Moor kam, so fand er da leicht altes Lederwerk, Stücke von Bastschuhen, halbe Handschuhe und zerrissene Hüte am Boden umherliegen. Hob er etwas von diesem Spuckzeug auf und trug's nach Hause, so widerfuhr ihm sicherlich ein Mißgeschick. Bald verlor er ein Stück Vieh, bald flog ihm ein Huhn in's Feuer, oder er erkrankte wohl auch selbst, so daß das Unglück aus Thür und Fenstern hereinzuziehen schien.

Einst ging ein Mann um die Zeit der Heuernte auf's Moor, um sich aus dem Weidengebüsch starke Ruthen zum Heuführen zu schneiden.

Da lag ein großes Vogelei neben ihm am Boden.

Gewiß ein Entenei! meinte der Mann und steckte den Fund in den Busen, sagte auch Niemandem ein Wort davon.

Als er abends nach Hause kam, ließ er das Ei abkochen.

Iß es nicht! warnte ihn sein Weib. Ich habe deutlich vernommen, wie das Ei im Kessel winselte. Das kann kein rechtes Ei sein!

Was für ein tolles Zeug schwätzest Du da! Gieb nur das Ei her und reiche mir auch Salz! befahl der Mann.

Das Weib besorgte, es werde Arges dabei herauskommen, that aber doch nach des Mannes Geheiß.

Jetzt machte sich der Mann an's Essen. Er aß tapfer drauf los, aber seltsam, das Ei nahm kein Ende!

Da ließ er das Uebrige stehen, legte sich schlafen und sagte noch zu seinem Weibe: Das ist aber 'mal ein Ei! Konnt's nicht aufessen, die Hälfte blieb auf dem Tisch zurück!

Das Weib meinte alsbald: Es kann nicht mit rechten Dingen zugegangen sein!

Und so war es auch wirklich!

Am anderen Morgen bemerkte der Mann, daß er kein Entenei, sondern etwas ganz anderes gegessen hatte, denn die übrig ge= bliebene Mahlzeit erwies sich als die andere Hälfte von des Nachbars Katze.

Von den älteren Leuten sind auch die jüngeren immer davor gewarnt worden, auf dem Moor etwas aufzuheben. Ein Koboldei war aber das Allerschlimmste, was da liegen konnte.

———————

50. Die kluge Bäuerin.

Ein Hirtenknabe war an einem Donnerstag spät abends mit der Herde heimgekehrt, trieb sie in's Gehöft und überzählte sie noch einmal sorgfältig. Dabei fand er, daß ihm eine Kuh fehlte.

Jammernd lief er in die Stube und rief:

Bäuerin, Bäuerin, es fehlt mir eine Kuh! Eben habe ich noch die ganze Herde beisammen gehabt und jetzt ist die Laudik¹) verschwunden!

Sei still, sprach die gute Frau, daß es der Bauer nicht merkt! Ich will selbst hinaus und die Kuh suchen!

Sie machte sich auch wirklich auf, eilte über die Wiese und durch das Gebüsch, kam endlich auf das Moor und spähte überall emsig nach der verlorenen Kuh aus. Aber all' ihr Suchen war vergebens.

Verdrießlich kehrte sie um und ging den Weg zurück, den sie gekommen war. Auf einmal erschien ihr die ganze Gegend

fremd und verändert. Baum und Strauch, Acker und Wiese
schien wie durch Zauberschlag verwandelt und jetzt verlor sich
auch der Pfad unter ihren Füßen. Entsetzt blieb sie eine Weile
stehen, lief dann wieder weiter, kam unversehens auf den Platz
zurück, wo sie vor Kurzem gestanden, und irrte so lange umher,
bis sie endlich in ihrer Ermattung und Verzweiflung niedersank
und sich nicht mehr rühren konnte.

Inzwischen war die Nacht hereingebrochen und der Nebel
aus dem Moor wallte über das Land. Aber aus dem Nebel
kam plötzlich ein kleines weißes Männchen auf die Bäuerin zu
und sprach: Was thust Du hier allein um Mitternacht?

Ach, lieber Nachbar, ich bin gewiß verhext, daß ich den Weg
nach Hause nicht mehr finden kann! Sei so gut und führe mich
aus dem Nebel hinaus! rief die Bäuerin und wischte sich mit
der Schürze den Schweiß von der Stirn.

Was bekomm' ich dafür? fragte das Männchen. Denn für
einen schönen Dank thue ich nichts. Wenn Du mir aber das
versprichst, was Du Tag und Nacht unter dem Herzen tragen
wirst, so will ich Dich gern auf den Weg weisen.

Die Bäuerin erschrak und dachte in ihrem Sinn: Das
ist gewiß Einer aus dem Moor! — Sie faßte sich aber
ein Herz und sprach: Ich muß mich schon in Dein Verlangen
schicken!

Gedenke Deines Versprechens, denn Külmking [2] kommt bald
nach seinem Lohn! rief der Fremde und verschwand. Im nächsten
Augenblick bemerkte die Bäuerin, daß sie nahe bei der Pforte
ihres Hofes neben der verlorenen Kuh stand. Sie trieb die Kuh
in den Stall und legte sich erschöpft nieder.

Seitdem sah man die junge Bäuerin nie ohne Schürze gehen.
Auch nachts im Bette trug sie die Schürze vorgebunden.

Ein Jahr darauf genas die Bäuerin eines Knäbleins.

Das Kind gedieh und war gerade neun Wochen alt geworden, als in einer Nacht das Fenster der Bäuerin aufging und Külmking in die Stube rief: Gieb nun heraus, was Du Tag und Nacht unter dem Herzen getragen und mir versprochen hast!

Die Bäuerin ergriff ihre Schürze, warf sie dem Kobold hin und sprach: Im Namen des Vaters, des Sohnes und des heiligen Geistes! Empfange, was ich Dir versprochen habe!

Im Nu war der böse Geist sammt der Schürze verschwunden.

———•———

51. Der schwarze Tod.

Vorzeiten wüthete in unserem Lande oftmals Katk, der schwarze Tod. Wohin er nur kam, da forderte er seine Opfer. Die Dörfer wurden leer und auf den Bauernhöfen starb die letzte Seele aus. Gar selten traf man noch auf einen Menschen im Lande. [1])

Einst war der schwarze Tod wiederum erschienen. Ueberall hatte er seine Opfer verlangt, nur die Insel Rogö war noch verschont geblieben. Darum hoffte das Inselvolk sicher, daß auch in Zukunft das Meer sie vor dem Tode schützen werde.

Eines Tages waren Insulaner auf's Festland gezogen. Als sie nun heimkehren wollten und ihr Schifflein bereit hielten, sahen sie plötzlich einen schwarzen Mann, der eine große Sense trug, eilends auf sich zukommen. Staunend blieben sie stehen, betrachteten den seltsamen Mann und stießen nicht vom Ufer ab. Aber kaum hatte er sie erreicht, so sprang er schweigend in das Schiff und stieß es in's Meer.

Schon von fern erspähten die Leute auf der Insel das Schiff der Heimkehrenden und nahmen voll Verwunderung den schwarzen Mann wahr, der unbeweglich am Steuer saß. Sobald nun das Schiff an der Insel gelandet, eilte das Volk hinzu, um die Schiffer zu empfangen und den schwarzen Mann zu sehen. Die Schiffer aber saßen stumm und starr im Fahrzeug und keiner von ihnen gab Antwort auf Gruß und Frage der Seinen. Da merkte das Volk, daß sie alle ohne Leben wären. Im selben

Augenblick sprang der schwarze Mann aus dem Schiff. Kaum geschah das, da blieben die Leute auf dem Ufer wie Salzsäulen stehen, ein kalter Schauder überlief sie, — sie fielen hin und hauchten ihre Seelen aus. Das war der schwarze Tod, der vom Festland mit dem Schifflein hergekommen. Jetzt trat er an Rogös Land, um das Volk zu tödten.

Von den Leuten am Ufer hatten nur Wenige in schneller Flucht das Leben gerettet. Diese verkündeten auf der Insel die schreckliche Botschaft. Furcht und Entsetzen ergriff die Herzen Aller. Aber bevor sie sich besinnen konnten, war schon der schwarze Tod mitten unter ihnen und mähte Alles nieder, was vor ihm stand. Keiner, auf den er einmal blickte, fand Gnade vor ihm. Einige haben ihn selbst gesehen, Andere nicht. Wer ihn aber sah, dem erstarrte im Schreck das Herz, bevor er nur einen Laut hervorbringen konnte.

Eines Abends zog ein heftiges Wetter auf. Ein altes Mütter=chen saß allein in seiner Hütte und spann. Auf einmal that sich die Thür auf und im fahlen Licht des Wetterstrahls trat der schwarze Tod ein, die große Sense in der Rechten. Jetzt hat mein letztes Stündlein geschlagen! dachte die alte Frau. Schon fühlte sie, wie ihr das Blut zu erstarren begann. Da nahm sie alle Kraft zusammen und rief dem Manne laut ent=gegen: Sei gegrüßt in Gottes Namen!

Der schwarze Mann erschrak, blickte zur Seite und murmelte: Sei's damit genug! Augenblicklich ging er aus der Thür und schwand der Alten aus den Augen. Ihr Blut kam wieder in seinen Lauf und das Leben kehrte ihr zurück.

Als sie in's Freie trat, sah sie, wie der schwarze Mann mit seiner Sense in ein Boot stieg, vom Ufer stieß und das Fahrzeug in die weite See steuerte. Je weiter er hinaus gelangte, um so ruhiger wurde das Unwetter und als das Boot verschwunden

war, da war auch der Donner verstummt. Seitdem starb Nie=
mand mehr. Der Himmel war in seinem Grimm gekommen
und hatte den Katk gemahnt, von seinem Werke abzulassen.
Darum, als der Tod den muthigen Gruß des Mütterchens urd
den Namen Gottes vernahm, mußte er die Menschen fürder
verschonen. Und seitdem hat man ihn nirgends mehr gesehen.

52. Katk auf Nuckö.

Einst war Katk auf der Insel Nuckö erschienen. Da sah
man ihn als einen grauen Mann. In der einen Hand trug er
ein Licht, in der anderen einen Stab, im Arm ein Buch und
auf dem Kopfe einen dreieckigen Hut. Der graue Mann wan=
derte nachts von Hof zu Hof, schlug nach in seinem Buche, wer
ihm zum Opfer bestimmt wäre und leuchtete Solchen in's Ge=
sicht, ob er auch die Rechten getroffen. Wen er dann zu fordern
hatte, den berührte er mit seinem Stabe.

Zu jener Zeit der Pest konnte eines Abends ein Bauer auf
seinem Lager keinen Schlaf finden. Plötzlich hörte er die Thür
knarren. Er hob den Kopf, schaute hin und nahm wahr, wie
der graue Mann mit dem Licht eintrat, auf die Schläfer zuging
und alle mit seinem Stabe berührte, worauf sie tief zu ächzen
begannen. In der Wiege schlief ein kleines Kind, bei dem blieb
der graue Mann stehen, blätterte in seinem Buche und wandte
sich ab, ohne es zu berühren. Am anderen Morgen in der Frühe
lag das ganze Gesinde schwer krank darnieder, nur der Bauer
selbst und sein Kind waren wohlauf. Die Kranken aber starben
alle bevor noch der Hahn gekräht.

53. Der dankbare Katk.

Es war schon spät im Herbst, als Katk auf seiner Fahrt durch's Land in einem großen Dorfe Einkehr halten wollte, wo er zuvor noch nie gewesen. Das Dorf lag unten am Berge und ein steiler Weg führte in's Thal hinab. Da nun der Weg schlecht war und Katk toll und blind den Berg hinabstürmte, fiel sein Gefährt um und brach die Achse. Das verdroß ihn gewaltig, denn er konnte keinen Aufenthalt leiden.

Es traf sich aber, daß ein Bauer aus dem Dorfe eben hinauf= gefahren kam, der hatte des fremden Mannes tolle Fahrt und seinen Unfall bemerkt, trat hinzu und rief: Dir mag wohl unser Weg nicht bekannt sein, sonst wärest Du bedächtiger gefahren! Laß einmal sehen, ob wir den Schaden nicht bessern können!

Darauf schaffte er Stricke aus seinem Wagen herbei und begann die Achse zusammen zu schnüren, so gut es eben ging. Katk aber sah zur Seite und sprach kein Wort.

So, sagte der Bauer, als er sein Werk vollendet hatte, neu ist's zwar nicht geworden, Du kannst aber ruhig weiter fahren, bis Du vor die Dorfschmiede kommst!

Nein! rief Katk, ergriff hastig die Zügel und wandte das Roß um. Weiter will ich nicht fahren! Um Deinetwillen soll das ganze Dorf verschont bleiben. Geh hin und sage den Dei= nigen, daß Du dem Katk geholfen hast!

Als der Bauer diese Worte vernahm, wäre er vor Schreck fast umgesunken. Katk aber trieb sein Roß an und war im nächsten Augenblick schon wieder oben auf dem Berge, wo er wie eine Wolke verschwand.

Der Bauer kehrte um und erzählte den Leuten im Dorf sein Erlebniß. Da wurden sie über die Maßen froh, zündeten ein Freudenfeuer an [1]) und ließen es viele Tage brennen.

54. Der geizige Bruder.

Es waren einmal zwei Brüder, davon war der eine reich, der andere aber arm. Der reiche Bruder hatte viel Hab und Gut und ward weit und breit für den reichsten Mann gehalten. Aber der arme Bruder hatte nichts und lebte von seiner Hände Arbeit, so gut es eben ging.

Er hatte auch oftmals den reichen Bruder um eine Gabe gebeten, der aber schickte ihn immer wieder mit leeren Händen heim und nannte ihn obendrein einen Faullenzer und Thunichtgut.

Seitdem trafen sie selten irgendwo zusammen. Der reiche ward immer reicher und geiziger, dem armen ging es immer schlimmer und eines Tages hieß es, der arme Bruder sei gestorben.

Er war auch wirklich todt. Sein Weib hatte aber kein einziges Gewand, um die Leiche zu kleiden. Die Bretter zum Sarge gaben die Nachbarn her und zimmerten auch den Sarg zurecht. Da faßte sich die Wittwe ein Herz und machte sich wegen der Todtengewänder zum reichen Bruder auf.

Es traf sich, daß er gerade von Hause war, sein Weib aber erbarmte sich der Wittwe und gab ihr Alles, wessen sie bedurfte.

Der Todte wurde nun schicklich bekleidet und in den Sarg gebettet.

Als der reiche Bruder heimkehrte und erfuhr, was sein Weib gethan, ward er zornig, schalt das Weib und fluchte dem todten Bruder. Damit nicht genug, machte er sich auf und fuhr zum Sterbehause, wo er auf's Neue gräßlich zu schelten

und fluchen begann. Endlich trat er an den Sarg, hob den
Leichnam auf und riß ihm die Gewänder ab. Dabei schrie er
ohne Unterlaß: Das ist mein, das ist mein!

Aber wie erschrak er, als er den Todten wieder in den
Sarg legen wollte! Der Leichnam hing an seinem Halse fest
und wich nicht mehr von ihm.

So mußte er den todten Bruder mit sich tragen bis an
sein klägliches Ende.

55. Der reiche und der arme Bruder.

Es waren einmal zwei Brüder, davon lebte der eine im
Ueberfluß, der andere aber war ganz arm. Wie es nun der
Welt Lauf ist, daß Reichthum nicht der Armuth achtet, so war
es auch zwischen den Brüdern. Der reiche ließ dem armen
nicht einmal einen Löffel Suppe zukommen.

Nun geschah es, daß der reiche Bruder ein großes Fest gab.
Der arme Bruder glaubte auch geladen zu werden, aber er
hoffte vergebens.

Da fiel ihm ein gutes Mittel ein. Er ging hin zum Fluß
und fing drei große Hechte. Die bring' ich dem Bruder,
sprach er, vielleicht hat es doch einen Segen!

Er schaffte die Fische auf den Hof des Bruders und redete
ihn demüthig an wie einen großen Herrn. Aber es half ihm
nichts. Der Bruder sagte: Schönen Dank! drehte ihm den
Rücken und ging fort.

Was sollte der arme Bruder thun? Er kehrte um und
ging seines Weges.

Unterwegs ward er gar betrübt und dachte: Einen Bruder hab' ich ja dem Namen nach, aber er ist noch schlimmer, als ein ganz Fremder!

Auf einmal sah er einen alten Mann am Wege sitzen. Der Alte stand rasch auf, kam auf ihn zu und fragte: Freund, warum schaust Du denn so trübselig in die Welt?

Trübselig oder nicht, sprach der arme Bruder, aber es ist mir schon recht geschehen! Brachte ich da meinem reichen Bruder drei Fische zum Geschenk und erhielt nicht einmal einen Trunk zum Dank!

Aber irgend etwas wirst Du doch wohl erhalten haben? sprach der Alte.

Ei ja, schönen Dank sagte man mir, das ist Dein etwas!

Der Alte sprach: Gieb den schönen Dank mir und Du sollst ein reicher Mann werden!

Nimm ihn nur zu! sagte der arme Bruder.

Jetzt unterwies ihn der Alte und sprach: Geh nach Hause, suche die Armuth unter dem Ofen hervor und wirf sie in den Fluß, so sollst Du bald merken, wie es sich mit Dir wenden wird!

Damit ging er seines Weges und der arme Bruder kehrte heim.

Da fanden sie auch die Armuth unter dem Ofen, ergriffen sie und warfen sie in den Fluß.[1]

Jetzt gerieth dem armen Bruder Alles wohl, was er nur angriff, so daß es schier ein Wunder war, wie er vorwärts kam. Seine Aecker trugen reiche Frucht, seine Herde wuchs, seine Scheunen und Ställe standen bald stolzer da, als bei dem reichen Bruder.

Als der reiche Bruder das sah, ward er neidisch und begehrte zu wissen, woher der Andere den Reichthum habe? Als er ihn nun immer drängte, bekam es der Andere satt und

sprach: Woher ich den Reichthum habe? Ich zog die Armuth
unter dem Ofen hervor und warf sie in's Wasser. Daher habe
ich's jetzt!

Daher hast Du es also? schrie der reiche Bruder. Warte
nur, Deinesgleichen soll es mir nicht zuvorthun!

Darauf ging er an den Fluß und wollte die Armuth
fangen, von der der andere Bruder Alles erhalten hatte. Er
fing und fischte und that nichts Anderes, bis er die Armuth
endlich fest hatte.

Wie er sie nun daheim beschaute und betastete, da schlüpfte
sie ihm unter der Hand fort und verbarg sich unter seinem
Ofen und da konnte sie Niemand mehr herausholen.

Seitdem ging es mit dem reichen Bruder schlimm und
schlimmer, bis er endlich ganz arm ward und ist auch arm
geblieben.

---

56. Warum Hund und Katze und Katze und Maus einander feind wurden.

Vorzeiten lebten Hund und Katze mit einander in guter
Freundschaft und die Katze that auch der Maus kein Leides.
Da hatten aber einmal die Hunde auf dem Felde Hasen und
anderes Wild erwürgt und gefressen. Wegen dieser Uebelthat
erhoben die übrigen Geschöpfe Klage bei Altvater und der be=
schied die Hunde sogleich vor Gericht. Da entschuldigten die
Hunde ihr Verbrechen und sagten aus, sie wären dazu gezwungen
gewesen, da sie nichts zu fressen hätten. Das Gericht prüfte
ihre Sache mit Sorgfalt und gab ihnen zum Theil Recht,

anderen Theiles aber erachtete es ihre That doch für böse und
nannte sie ein öffentliches Schelmenstück. Darauf erlaubte Alt=
vater den Hunden fürder nur das fallende Vieh zu fressen.
Ueber diesen Bescheid erbaten sich die Hunde ein schriftliches
Zeugniß und erhielten es auch. Das Zeugniß nahm auf Wunsch
der Hundeversammlung der Hirtenhund in seinen Verwahr, da
er der größte und verläßlichste unter ihnen war. Das geschah
aber im Herbst, als es überall feucht war, so daß es dem
Hirtenhunde viele Sorge machte, wie er das kostbare Zeugniß
vor Nässe und Untergang in Acht nähme, da er doch weder im
Walde noch hinter dem Hause ein trockenes Plätzchen fand. Als
es nun eines Tages heftig regnete, gedachte er in der Angst
seines besten Freundes, des Katers, der ja immer im sicheren
Stübchen oder auf dem Ofen saß. Den bat er nun das Zeugniß
unter seine Hut zu nehmen, der Kater aber versprach es gern
und rieb seinen krummen Buckel gegen des Freundes Füße.
Darauf legten sie das Zeugniß oben auf den Ofen nieder, wo
es freilich warm und sicher liegen konnte.

Eines Morgens geriethen die Hunde im Walde an ein
Rößlein, das sich gerade niederwarf und wälzte. Da liefen sie
alle auf das Roß zu, bissen es todt und verschlangen es.
Darüber ward neue Klage bei Altvater erhoben und zornigen
Sinnes beschloß er die Uebelthäter ernstlich zu strafen. Als sie
nun wieder vor Gericht standen, wurden sie schuldig befunden,
das Roß erwürgt und Altvaters Gebot übertreten zu haben
und sprachen sie also die Richter des Todes schuldig. Diesem
Urtheil aber widerstritten die Hunde und sagten aus, sie hätten
gerade nach Altvaters Worten gehandelt, da er ihnen Alles frei
gegeben, was zu Fall käme, und da nun das Roß gefallen sei,
wäre es ihre Beute geworden. Denn davon habe Altvater kein
Wort geredet, daß das gefallene Thier auch schon todt sein müsse.

Auf diese Entschuldigung begehrte das Gericht von ihnen
das Zeugniß, welches sie von Altvater erhalten. Da es aber
der Hirtenhund nicht bei sich trug, kniff er den Schwanz ein
und jagte eilenden Laufes zu seinem Freunde. Der sprang den
Ofen hinauf und suchte und kratzte nach dem Papier, aber es
war vergebens! Die Mäuse hatten das theure Zeugniß
zernagt.

Da ward die Katze den Mäusen so böse, daß sie ihnen Tag
und Nacht nachzuspüren und sie zu fressen anfing und das thut
sie bis heute. Der Hund aber faßte einen Haß auf die Katze
und leben beide noch heutigen Tages in Feindschaft.

Jetzt getraute sich der Hirtenhund nicht zu den Anderen
zurückzukehren ohne Zeugniß. Derweilen warteten sie vergeblich,
gingen ihm endlich nach und forschten nach ihm allerwegen,
aber sie konnten ihn nicht finden. Darum läuft noch heutigen
Tages ein Hund, wenn er einen anderen sieht, gleich auf ihn
los, um zu erfahren, ob er nicht Altvaters Zeugniß bei
sich trage.

57. Das Gottesurtheil.

Es war einmal eine reiche Bauerndirne, die hieß Tio. Sie
war schön von Angesicht wie eine Apfelblüthe, frommen Herzens
und rein von Sitten, also daß die Freier in Scharen kamen
und sie zum Weibe begehrten. Sie aber hieß Alle gehen und
erwählte einen armen Jüngling zum Bräutigam. Darüber
zürnten die verschmähten Freier, begannen Uebles von der
Dirne zu sprechen und rühmten sich ihrer heimlich empfangenen

Gunst. Das kränkte den armen Bräutigam gar sehr und er
sprach zu der Jungfrau: Die Leute sagen Dir das Böseste
nach und die jungen Bursche rühmen sich Deiner Gunst!

Die Dirne sprach: Glaubst Du denn, was sie reden?

Er antwortete: Ich glaube es wahrhaftig nicht, aber sie
wollen nicht davon schweigen!

Da sprach Tio festen Muthes: Es ist mir zu wenig, daß
Du es nicht glaubst! Ihr sollt aber meiner Unschuld Zeugen
werden, denn Gott wird mir helfen. Morgen ist Johannistag.
Geh in's Dorf und sage den Leuten an, daß sie sich nach dem
Gottesdienst am See versammeln. Da werden die bösen
Mäuler zu Schanden werden!

So geschah es. Nach dem Gottesdienst waren alle Leute
beim See versammelt, standen da, lachten und fragten: Was
wird die feile Dirne thun? Tio aber trat vor die Menge
hin und rief: Ihr Verleumder meiner Ehre! Seht Ihr den
gewaltigen Felsblock, der hier am Ufer liegt? Keines Menschen
Kraft kann ihn um eines Haares Breite von seinem Lager
rühren! So Ihr mich aber unschuldig geläſtert habt, wird
Gott meinem schwachen Arme Kraft verleihen, daß ich ihn
allein hebe und weit in den See schleudere!

Kaum hatte sie das gesagt, da ergriff sie den ungeheuren
Block wie die Dorfbuben ein Schleudersteinchen, hob ihn hoch
in die Luft und warf ihn in den See. Wild sprühte das
Wasser auf und donnernd sank der Stein in die Tiefe, doch
ragte er noch um eines Mannes Länge aus den Wellen hervor
und steht so bis auf den heutigen Tag.

Da schrieen Alle auf vor Entsetzen, liefen hin zu der Jungfrau
und baten sie demüthig um Vergebung wegen ihres schändlichen
Geredes. Sie aber verzieh Allen und kehrte mit ihrem Bräutigam
glücklich in ihres Vaters Haus zurück, wo sie bald Hochzeit feierten.

Wenn nachmals in diesem Dorfe ein Bräutigam Mißtrauen faßte gegen seine Braut, soll es wohl geschehen sein, daß er von ihr den Steinwurf der Tio verlangte und haben auch viele Jungfrauen die Probe bestanden. Etliche aber weigerten sich und so ist die Sitte in Vergessenheit gerathen.

— · —

58. Die Schwalbe.

Es war einmal ein böser Mann und Trunkenbold, dessen Weib sorgte von früh bis spät im Hause und schaffte mit Fleiß und Mühe Alles herbei, wessen sie bedurften. Eines Tages kehrte der Mann wieder ganz von Sinnen heim und polterte in's Haus. Die Frau aber saß fleißig am Webstuhl und trug dabei ihr Kind im Schoß, das sie einlullte. Voller Wuth sprang der Mann auf den Webstuhl zu, stieß das Weib bei= seite, ergriff eine Axt und zertrümmerte den Webstuhl. Darüber fing das Weib an zu weinen, der Mann aber ward noch zorniger, erhob die Faust und ließ sie schwer auf den Kopf des Kindes niederfallen, daß es augenblicklich verschied. Dann schlug er mit einem Prügel so lange auf das Weib ein, bis es halb todt niedersank.

Der Alte Gott erbarmte sich aber des Weibes und ver= wandelte es in eine Schwalbe.[1]) Schwirrend flog sie dem Manne unter den Händen auf an's Gebälk und wollte zur Thür hinaus. Der Mann zog sein Messer und schlug nach ihr, konnte sie aber nicht ordentlich treffen und hieb ihr nur den Schwanz mitten entzwei. Da flog sie hinaus vor die Thür, von da unter das Dach und schwang sich durch das Giebelloch

hoch in die Lüfte. Da lebt ihr Geschlecht noch heute und
wenn einmal eine von ihnen auf dem Zaun rastet, so singt
sie das Lied:

> Witt, witt bewelik,
>
> Schlug den Webstuhl in Stück',
>
> Zi, zi, zehr,
>
> Schlug mich selbst so schwer,
>
> Biwist, biwist
>
> Und mein Kind ermordet ist!

Auch die Kleidung trägt sie noch wie zur Stunde, da sie
verwandelt ward: ein schwarzes Tuch um den Kopf, ein rothes
um den Hals gebunden, ein hübsches weißes Hemd und ein
kohlschwarzes Röckchen. Und heute noch fürchtet die Schwalbe
ihre Verwandten, die Menschen, nicht so sehr, wie es die
anderen Vögel thun, sondern baut an ihren Häusern zutraulich
ihr Nest.

Anmerkungen.

1. Widewik, Koit und Hämarik.

[1]) Es gehört zu den bekanntesten Verdiensten Fählmann's, die Sage
von Koit und Hämarik, diese Perle estnischer Mythendichtung, als Erster
von Allen dem Volke abgelauscht und aufgezeichnet zu haben. Seit ihrer
ersten Veröffentlichung (in den Verhandlungen der Gelehrten Estnischen
Gesellschaft zu Dorpat, 1840, Heft 3) ist jetzt fast ein halbes Jahrhundert
verflossen und der groteske Streit, der sich damals um die Frage ihrer
Echtheit drehte, längst vergessen. Die estnische Alterthumsforschung
that vor fünfzig Jahren gerade ihre ersten Schritte und die Unsicherheiten
und Irrwege derselben erklären sich am leichtesten aus der Spärlichkeit des
bis dahin für die heimische Mythenforschung beschafften Materiales. Im
Märchen deutet die kleine blaue Flamme, welche irgendwo dem Boden entsteigt,
auf einen vergrabenen Schatz. Unsere Mythologen der vierziger Jahre
hatten die blaue Flamme wahrgenommen, von dem heimlichen Schatz der
estnischen Archäodoxie aber, wie er in der Sage und im Volksliede sich
verbarg, war ihnen auch damals noch nicht viel mehr offenbart, als Jacob
Grimm in seiner Deutschen Mythologie davon mittheilt. So geschah es,
daß die Gelehrten und Ungelehrten jener Zeit, obgleich aller Mittel
der Kritik bar, die Publication Fählmann's ihren Zweifeln und Spötte-
reien unterwarfen und ihn, den Ehrenmann, selbst der absichtlichen Fäl-
schung bezichtigten. Den kleineren Geistern jener Zeit, die auf der Spürung
nach der fremden Quelle unserer Mythe alle Besonnenheit verloren und
endlich (wie der poetische Kruse in seiner „Urgeschichte des Ehstnischen
Volksstammes" pag. 184) Koit und Hämarik in κοῖτος und ἡμέρα wieder-
entdeckten, — diesen Phantasten darf man solche Unverständigkeiten leicht
nachsehen, da doch selbst der große Castrén noch ein Decennium später (in
seinen „Vorlesungen über die finnische Mythologie", Schiefner-Ausgabe, St.
Petersburg 1853, pag. 66) unsere Mythe zwar „unendlich schön" fand, aber
sie nicht ohne ein leises Mißtrauen aufnahm. Die heutige Forschung würde
sich mit einem solchen Mißtrauen aus inneren und äußeren Gründen nicht
hervorwagen, da die Mythe selbst nicht nur an verschiedenen Orten und
von verschiedenen Personen aus dem Volke erzählt, gehört und aufgezeichnet

worden ist, sondern auch völlig dem Wesen der mythischen Dichtung des Volkes angehört.

Wie man hier ganz ernsthaft κοῖτος und ἡμέρα mit Koit und Hämarik zusammengeführt hat, so begegnen wir ähnlichen mythologischen und ethymologischen Spielereien auf unserem Gebiete überall, wie z. B. der erstaunlichen Vergleichung von ostseefinnischem Jumala mit hebräischem jum + bal (jom + el) oder schwedischem gammal u. dergl. mehr. Die Felder junger Wissenschaften dienen nicht nur reifen, besonnenen Forschern zu Arbeitsfeldern, sondern auch Dilettanten zu Tummelplätzen und Phantasten zu Jagdgründen. Jünger noch als die arische vergleichende Sprach= und Mythenforschung ist die turanische. Diese Jugend und jener Dilettantismus erzeugten so manches Abenteuer im Schoße der letztgenannten Wissenschaft. Es hat eine Zeit gegeben (und sie ist noch die Gegenwart mancher Romantiker), wo man unter der Herrschaft der Gefühle und Vorstellungen, die aus dem intimen Verhältnisse einiger bedeutenden Gelehrten zu dem indogermanischen Geiste und seiner Culturentwickelung, sowie aus der natürlichen Bewunderung ihrer Größe flossen, sich von dem Grundsatz bestimmen ließ, daß das ganze altajische Studium aus dem Gesichtspunkte seiner Abhängigkeit von dem indogermanischen zu leiten, daß ferner das altajische geistige Völkervermögen in der Hauptsache dem indogermanischen abgeborgt sei und daß diese prähistorische und historische Anleihe auf jeden Fall nachgewiesen werden müsse. So hat man auch den Ostseefinnen ihre Mythologie, ihre Dichtung (Inhalt und Form, Alliteration und sogar den parallelismus membrorum), endlich ganze Provinzen vom Reiche ihrer Sprache abnehmen und den Ariern zuwenden wollen. Solchen auf ein falsches wissenschaftliches Princip fundirten Bemühungen ist, soviel ich sehe, auf linguistischem Gebiet zuerst mit aller Schärfe und weitreichender Gelehrsamkeit der berühmte Chinesologe und altajische Sprachforscher Wilhelm Schott in Berlin entgegengetreten. Die ostseefinnische Mythologie aber erwartet noch ihren Forscher, der sie ohne unwissenschaftliche Parteinahme und Voreingenommenheit in einem großen Bilde zur Darstellung brächte.

Um zu unserem Märchen zurückzukehren, so unterscheidet sich seine Gestalt von der Fählmann'schen Aufzeichnung, in der nur Koit und Hämarik auftreten, nicht nur in mehreren Nebenbeziehungen, sondern hauptsächlich durch die Einführung der Widewik, welche die Nothwendigkeit der beiden Offenbarungen der Sonne, des Morgenroths (Koit) und des Abendroths (Hämarik), neu motivirt. Dämmerung (Widewik) gehört nicht in das helle

Reich Altvaters, des Lichtgottes Uko. Die Sonne erleuchte den Tag,
Morgen= und Abendroth verscheuche die Schatten der sonnenlosen Uebergangs=
stunden und selbst die Nacht empfange noch dämmernde Helle von dem halben
Licht des Mondes und der Widewik (vgl. das Märchen Nr. 7). — Diejenigen,
welche das Studium der gleichen und einigen Quelle aller geistigen Schöpfung,
der gleich und einig organisirten menschlichen Seele verschmähen und anstatt
aus der wesentlichen Gleichheit ihrer allgemeinen Functionen auch die
Charakterähnlichkeit ihrer metaphysischen Leistungen hervorgehen zu sehen,
bei der flüchtigen Vergleichung des ähnlich gefalteten Gewandes ihrer ein=
zelnen Schöpfungstypen stehen bleiben, weise ich darauf hin, daß mit dem
Auftreten der Widewik ein prächtiger, recht von Weitem hergeholter Anlaß
geliefert ist, den Ursprung des Schwesterpaars Widewik und Hämarik in
dem Doppelgesicht der Saramâ, in Harit, Χάρις, Ushas, der Tochter des
Dyu ꝛc., ja sogar den Wolf (Teufel) mit seiner Missethat aufzuspüren
und so die Wiege der estnischen Mythologie in dem Schilf des Ganges
auszusetzen (vgl. Max Müller's „Vorlesungen über die Wissenschaft der
Sprache", bearbeitet von Böttger, Leipzig 1866, Vorles. IX—XI).

Niedergeschrieben ist diese Mythe zuerst von dem bekannten J. Lagos
(dem Kreutzwald so viel zu verdanken hat) nach der Erzählung des
Bauern Andres Rennest im Dorfe Ülentse in Tarwast (Fellin). „Der
Erzähler gehörte seiner eigenen Angabe nach zu einer Familie, in der bis
auf die neuesten Zeiten wenngleich kein Priesterthum, doch die Ausübung
von Zauberformeln und Gebeten erblich gewesen ist. Die Familie nennt
sich daher auch wana targasugu, d. h. das alte Weisengeschlecht." Von
Lagos kam die Mythe in Kreutzwald's Hände, der sie Schiefner zur
Veröffentlichung übersandte (gedruckt in den Mélanges russes tirés du
bulletin historico-philologique de l'académie impériale de sciences,
tome II, 4-me livraison, St. Pétersbourg 1855). Später ist die Mythe
mit mehr oder weniger wesentlichen Abweichungen von dem oben angeführten
Text des Rennest mehrfach, zuletzt aber vom Pastor Eisen in dessen „Endise
põlwe pärandus" (Erbe aus der Vorzeit), Dorpat 1883, publicirt worden.

²) Im Estnischen onomatopoetisch: Laisk tüdruk, laisk tüdruk,
ööpitk! kiriküüt, waule, waule! too piits, too piits, tsäh, tsäh, tsäh!

³) Der kleine Stern an der Deichsel des Wagens im großen Bären,
neben dem helleren Stern, der den Stier vorstellt. Es war ein Gesetz
Altvaters, daß der Wolf kein an der Deichsel befindliches Arbeitsthier an=
fallen dürfe.

⁴) Die Sommersonnenwende, St. Johannis des christlichen Festkalenders, gefeiert am 12./24. Juni, wo der Sonnengott seiner Erde am gegenwärtigsten ist und dieses Fest seiner Gegenwart in der Erscheinungsform des „Lijon" begeht.

2. Des Sängergottes letzter Abschied.

¹) Der Berg des Taara, d. h. des Uko, des höchsten Himmels= oder Lichtgottes, erhob sich, wie die Sagen übereinstimmend berichten, an den Ufern des Embach, der Stätte des heutigen Dorpat. In dem Volksepos Kalewi poeg VIII., 222 flg. erblicken die Kalewiden vom Saabjärw, einem See in der Nähe Dorpats, diesen heiligen Berg:·

> Und des Kalew junge Söhne
> Wanderten nun rüstig weiter,
> Südwärts wohlgemuth die Wege
> Einen Tag und noch den andern
> Und zum Theil am dritten Tage,
> Bis sie endlich unversehens
> Einen kleinen See erreichten
> Zwischen hohen Uferhügeln.
> Lieblich war er allerwegen:
> Auf den Wellen schwamm die Wildgans,
> Schwänescharen an den Ufern,
> Enten unterhalb der Fähre,
> Aufwärts aber graue Vögel.
> Von dem Ufer in der Ferne
> Sah'n sie weiter gegen Westen
> Schön sich Taara's Hain erheben
> Herrlich auf dem Bergeshaupte,
> Goldig=grün im Blätterglanze.
> Und im segenreichen Thale
> Rollte ohne Rast der Embach,
> Leuchtend hell im Licht der Sonne,
> Hin zum Peipussee die Wogen ...

Ebendaselbst, XII., 482 flg.:

> Und des Sommers schönster Festtag,
> Eine frohe Jubelfeier

Führte nun aus weiter Ferne
Alles Volk zum Berge Taara's,
Hin zu Spielen und zu Scherzen.
Schiffe von dem Peipusstrande
Wallten auf des Embachs Wellen
Lustig in der Wasserwiege
Zu der hohen Taara-Stätte...

²) Der Gott des Gesanges und der Dichtkunst; ursprünglich der Gott
der Erde, der mit herrlichen Schöpfungsworten die wüste Erde zu einer
Wohnstätte für den Menschen umschuf.

3. Die Nordlichtgeister.

¹) Die Nordlichtgeister repräsentiren nach ursprünglicher estnischer Anschauung mit einander kämpfende Dämonen, von deren glänzenden und
funkensprühenden Schwertern der Himmel widerstrahlt. Holzmayer
(Osiliana, Dorpat 1872, pag. 48 flg.) führt folgende, die Erscheinung des
Nordlichts bezeichnenden Ausdrücke der Insel-Esten an: taewas lööb lahti
(der Himmel schlägt auseinander), taewas lööb luhki (der Himmel spaltet
sich; luhki steht für lõhki), taewas läkib (der Himmel flammt; läkib
für läigib), taewas lõkleb (der Himmel flammt; lõkleb für lõitleb =
flackert), taewas wehkleb (der Himmel ficht, kämpft), für welch' letzteren
Ausdruck man auf dem Festlande auch wirmalised taplewad (die Nord-
lichter, Nordlichtgeister kämpfen) sagt. Wiedemann citirt in seinem
estnisch-deutschen Wörterbuch folgende Phrase des Dörptschen Dialekts: mes
te wehklete kui wirmalise' sääl walge een (was fechtet ihr da wie
das Nordlicht vor dem Licht)! — Weiter wird Holzmayer aus Moon
berichtet: „In heiligen Nächten sieht man den Himmel sich spalten; an
den beiden Rändern der Spalte erblickt man zwei bewaffnete Krieger. Da
sie sich bekämpfen wollen, um sich zu bewältigen, spaltet eben die Gottheit
(Jumal), weil sie diese Bewältigung nicht zulassen will, den Himmel und
trennt sie so von einander. Durch die so entstandene Spalte aber verbreitet sich ein Lichtstrom über die Erde."

Auf seiner Meerfahrt zum Weltende gelangt der Kalewsohn in das
schweigende Dunkel des polaren Nordens, wo alles Leben unter ewigem
Eise erstarrt ist. Da flammt plötzlich am Himmel das Nordlicht auf
(Kalewi poeg XVI, 882 flg.):

Sieh, da schienen Nordlichtgeister,
Im Gefecht am Firmamente
Mit den Silberspeeren sprühend
Und die goldnen Schilde schüttelnd,
Röthlich auf das Schiff hernieder...

Darob ergreift Entsetzen die Schiffsmannschaft, der Kalewsohn aber ruft lachend:

Laßt doch nur die Nordlichtgeister,
Laßt der Silberspeere Blitze
Und der goldnen Schilde Schütteln
Uns den Feuerbogen spannen,
Daß in seines Lichtes Schimmer
Weiter wir den Weg erkennen!
Nicht der Mond wollt' uns begleiten,
Längst verbarg sich schon die Sonne —
Gnädig führt die Nordlichtgeister
Uko jetzt zum Feuerkampfe!

4. Der Sohn des Donnerers.

[1] Vgl. das Märchen Nr. 10 der 1. Lieferung der „Sagen und Märchen". — Auf eine ausführliche Behandlung des reichen mythologischen Inhalts kann ich mich an dieser Stelle nicht einlassen. Das Nothwendigste ist in Folgendem bemerkt: Der oberste Luftgott Uko oder Äike offenbart sich in den Ereignissen der Atmosphäre und trägt nach der Natur derselben verschiedene Epitheta. Bald heißt er Kõu, der Donnerer, bald Piker, der Blitzende, auch wohl einfach Gott (Jumal). Von seinem feurigen Bogen entsendet er im Gewitter die glühenden Pfeile („Pikse noolid"), wie es z. B. in einem Gebet in der Kalewala (Rune 33, Vers 264 flg.) heißt:

Uko, Du, der Götter Höchster,
Spanne Deinen großen Bogen,
Wähl' den besten Deiner Bogen,
Lege einen Pfeil von Kupfer
Auf den Bogen voller Feuer,
Laß den Feuerpfeil dann fahren,
Schieß den Kupferpfeil vom Bogen,
Schieß ihn durch des Mannes Arme,
Durch das Fleisch der beiden Schultern! ꝛc.

Uko und Äike (finnisch Äijä, bei den Lappen Aija oder Aijeke mit derselben Natur und Eigenschaft), selbst ursprünglich Epitheta, bedeuten nichts anderes als Vater, Urahn, wofür das spätere Märchen geradezu Wana isa (Altvater) setzt. Ein Epitheton ist auch der biblische Sion. — Als Gott der Atmosphäre stellt Uko (Köu, Äike, Piker) vorzüglich auch den Frucht= barkeit verleihenden Saaten= und Erntegott dar. Gutslaff hat uns ein altestnisches Gebet aufbewahrt, das sich folgendermaßen an den Erntegott Uko (Piker) wendet: „Lieber Donner(er), wir opfern Dir einen Ochsen, der zwei Hörner und vier Klauen hat, und wollen Dich bitten um unser Pflügen und Säen, daß unser Stroh kupferroth, unser Getreide goldgelb werde. Stoß anderswohin alle schwarzen, dicken Wolken über große Sümpfe, hohe Wälder und breite Wüsten. Uns Pflügern und Säern gieb aber fruchtbare Zeit und süßen Regen. Heiliger Donner(er), bewahre unseren Acker, daß er trage gut Stroh unterwärts, gute Aehren überwärts und gut Korn innenwärts."

Daß Uko in unserem Märchen einen Sohn hat, entspricht zwar der estnisch=finnischen Anschauung, die jeden Gott als Familienvater betrachtet, und auch die Erzählung von dem Fehltritte des Uko-Sohnes stimmt mit verwandten Vorstellungen überein; ob es sich dabei aber um einen wirk= lichen Sprößling des Göttervaters und seiner Gattin handelt, muß ich hier ununtersucht lassen.

2) So wird der Teufel bei seinen Verträgen mit Menschen häufig ge= prellt. Für einen ausbedungenen schwarzen Hasen empfängt er eine schwarze Katze, für Ziegenmilch geschmolzenes Fichtenharz, für eine Nuß einen Kieselstein u. dergl. mehr. Was den Hahn betrifft, der früher auch Uko geopfert wurde, so gilt er in späterer Zeit als dem Teufel feindlich. Wenn er um Mitternacht zum ersten Mal kräht, soll er den Teufel in seiner wahren Gestalt erblicken.

3) Der Aar des Nordens gehört zu den mythischen Vögeln. Ebenso die blaugeflügelte Siuro, die ausdrücklich Uko's Tochter genannt wird.

5. Die Milchstraße.

1) Estnisch linnutee oder linnurada (finnisch linnun rata), Vogel= straße, Pfad der Vögel. Die Milchstraße als Pfad der Götter und Men= schen wird mehrfach im altestnischen Volksliede erwähnt. Uebrigens gilt die Milchstraße dem Volke noch heute als Wetterprophetin. Aus der

Färbung, Stellung und Gruppirung ihrer Sterne entnimmt man gern Omina für den Charakter des bevorstehenden Winters.

²) Die Erzählung von der Brautfahrt der Himmlischen ist bekanntlich in weit schönerer Vollständigkeit im Kalewi poeg erhalten, wo freilich die göttliche Natur der Linda (Lindu) sehr verdunkelt wird. Dieser Mythus kehrt aber auch in anderen Runen wieder. So überliefert uns Hurt (Alte Harfe, Lief. 3, pag. 199 flg.) ein Fragment, welches die Werbung um die Ilma-Tochter (Tochter der Luft) besingt. Da heißt es:

> Wallte hin der Mond zur Werbung,
> Ago (Himmelsglanz) bot den Freierwein:
> Gruß Dir, schöne Ilma-Tochter,
> Kluges Kind Du unter'm Himmel!
> Willst des Mondes Weib Du werden,
> Folgen seinem Sohn als Braut?

> Will des Mondes Weib nicht werden,
> Auch die Braut nicht seines Sohnes!
> Wechselnd nimmt er ab und zu,
> Ganz verschwunden ist er dann,
> Steigt am Abend himmelan,
> Sinkt des Morgens früh zur Ruh.

Das Lied berichtet im Weiteren, wie auch die Sonne abschlägigen Bescheid erhält und erst der Stern von der Ilma-Tochter erhört wird.

6. Die Jungfrau von der Waskiala-Brücke.

¹) Der moderne Name der Brücke lautet, wie Kreutzwald ihn in der estnischen Niederschrift dieses Märchens kennt und nennt, Waskjala sild, corrumpirt aus altestnischem Waskiala (Suffix la). Weder Kreutzwald, noch die Späteren haben über den Ort und die Bedeutung des Eigennamens etwas beigebracht. Deshalb erwähne ich hier, daß es sich um die von Alters her angesehene Ortschaft Waskiala handelt, die noch jetzt als Waskjala küla (Dorf Waskjala) im Kirchspiel St. Jürgens, nah bei Reval, fortbesteht. An dem gleichnamigen Fluß erhob sich einst der heilige Hain der Göttin Waskia, einer Luftgottheit, die mit dem Monde in nächster Verbindung steht und als die Schützerin jungfräulicher Schönheit und Reinheit verehrt wurde. Bis auf die jüngste Zeit hat man daselbst Opfersteine gefunden.

²) Vgl. die Anmerkung zu Nr. 8.

7. Die Färber des Mondes.

¹) Eine alte Schöpfungsrune (in den Myth. und mag. Liedern der Esten, pag. 24 flg.) lautet:

Einstmals, einstmals trat das Weltall,
Trat das herrliche in's Dasein,
Ward erschaffen voller Weisheit,
Ward mit Sternen überstreuet,
Ward mit Wolken überwoben.
Und ich wußt' es, wie der Himmel,
Wie des Mondes Haus gemacht ward
Und der Horst des Sonnenherrschers.
Aufschlag ward gewebt zu Mittag,
Einschlag in des Frühroths Hause,
Späteres in der Sonne Halle.
Dort ist all die seid'ne Bläue,
Sammet von des Mooses Farbe,
Dort die buntgestreifte Röthe
Und der goldiggelbe Schimmer
Auf dem Webestuhl gewirket,
Auf dem Trittbrett schnell vollendet.
Sieh, da wob man die Gewänder
Und bereitete die Linnen,
Womit man die Welt verschönte
Und des Himmels Ränder färbte,
Weit das Wolkenheer besäumte,
Bunt des Weltalls Enden malte,
Daß sie schimmerten am Abend
Und bei Sonnenaufgang glänzten!
Dort erschuf man alle Sterne,
Schuf den bunten Regenbogen,
Wob ein Goldgewand dem Monde
Und ein Strahlenkleid der Sonne.
Der uralt' urweise Vater
Hatte wohl das Werk vollendet,
Schön die ganze Welt geschaffen!

²) Ilmarine, der spätere Gott der Schmiedekunst, ist die älteste Luft=
und Wettergottheit, die über die ganze Region des Aethers und über die
Vorgänge daselbst gebietet, also auch über das himmlische Feuer, den Blitz.
Nachdem Ilmarine dem Uko die Herrschaft über den Luftkreis abgetreten,
ward aus ihm mehr und mehr der kunstreiche Götterschmied, ein geringerer
Beherrscher des Feuers, der auf Uko's Geheiß an der Schöpfung der Welt
theilnimmt. In dem ältesten Bericht, der seiner Person Erwähnung thut,
nämlich in der Vorrede des Bischofs Agricola zu seiner finnischen Ueber=
setzung des Psalters (erschien im Jahre 1551), Vers 11 und 12, heißt es
von ihm: „Ilmarine machte Stille und Wetter und geleitete die Reisenden"
(Ilmarinen Rauhan ja ilman tei, Ja Matkamiehet edeswei).

³) Der von den glänzenden Pfeilen des Wettergottes ewig verfolgte,
ex professo lichtscheue Teufel kann natürlich nur im Dunkel thätig gedacht
werden. So ruft Held Kalew (Kalewi poeg XII, 101 flg.) den Söhnen
des Peipus=Zauberers, die ihn im finsteren Dickicht überfallen, scheltend zu:

Pfui doch, ihr verruchten Geister!
Unter tiefer Dämm'rung Decke
In dem Schoß und Schutz des Abends
Stürmt doch sonst nur ein der Böse
Mit der Höllenhündin Söhnen!

⁴) Wie der Mythus im Märchen verflachen kann, zeigt eine hierher=
gehörige, zwar auch auf dem Festlande nicht unbekannte, doch, soviel ich
sehe, zuerst durch Holzmayer (a. a. O. pag. 46) von den Inseln aufge=
zeichnete Ueberlieferung, die fast allen Zusammenhang mit dem zu Grunde
liegenden Mythus verloren hat:

„Zwei Dieben schien bei ihrem nächtlichen Geschäfte der Mond zu
helle. Um ihn unschädlich zu machen, stiegen sie mit einer Theerbütte
auf eine Leiter hinauf; er stand nämlich gerade recht niedrig. Als sie
eben anfingen ihn zu betheeren, überraschte sie Gott und strafte sie dadurch,
daß er sie für immer im Monde stehen ließ mit der Theerbütte. Daher
sind auch im Monde noch heute schwarze Flecken zu sehen."

8. Das Weib im Monde.

¹) Der Donnerstag und Sonnabend waren heidnische Fest= und Ruhetage.
Das Weib, das den Abend eines solchen mit profaner Arbeit entheiligt
und die alte Mondgottheit schilt, empfängt seine Strafe durch Entrückung

in ein keineswegs seliges Leben. Die Scheu vor der Mondgottheit war so
gewaltig, daß es schon für eine Lästerung galt, mit dem Finger auf den
Mond zu weisen. Das wurde gleichfalls mit Entrückung bestraft, oder es
hieß auch, der Finger werde abfaulen. — Vgl. die Notiz 1 zu Nr. 13,
auch Kreutzwald zu Boecler pag. 130.

Bemerkenswerth ist, daß schon die alten epischen Gesänge der stamm=
verwandten Lappen von der Versetzung eines Weibes auf den Mond er=
zählen. Eine der Mondtöchter („Neitah"), die ihre wilden Rennthierkälber
schlachtet, anstatt sie zu pflegen und zu zähmen, wie es die Sonnentöchter
thun, muß zur Strafe zum Monde hinauf. Daß es jedoch daselbst
auch wohnliche Plätze gab, erfahren wir aus dem estnischen Volksliede,
welches von den „schimmernden Hallen" des Mondes und deren „ehernem
Thor" singt.

9. Der Wirbelwindsgeist.

[1]) Estnisch Tuulispask, Tuulispää, auch Tuulewood, Wihkelik.
Er ist, gewöhnlich unter dem Namen Tuuletaat oder Tuulejumal (Wind=
vater oder Windgott) der Gatte der Marumemm oder Tuule-ema (Sturm=
oder Windmutter), Beide aber gelten als Gottheiten der bewegten Luft,
die über den Erdboden streicht und sind als solche von den übrigen Luft=
gottheiten scharf getrennt. Sie haben mit Söhnen und Töchtern ein zahl=
reiches Göttergesinde und stehen mit den Wassergottheiten in mannigfachen
Liebes= und Verwandtschaftsverhältnissen, was sich aus der Wirkung der
bewegten Luft auf die Gewässer leicht erklärt. Die ältere und größere Vor=
stellung von dem Tuulispask ist in einigen Gegenden zusammengeschrumpft
und fand man demnach in dem Wirbelwinds=Geist entweder einen hab=
gierigen und verderblichen, anderer Leute Gut raubenden Windzauberer,
oder gewöhnlich die umherstreifende Seele eines alten, boshaften Weibes,
d. h. einer Hexe, die den Leuten das Heu von der Wiese, die Saat vom
Felde und Garten stiehlt und allerlei anderen Schaden verübt. — Bei
Holtzmayer (a. a. O. im Nachtrag) macht Pastor v. Sengbusch auf
Dagden folgende Mittheilung: „Eine Windhose zog über ein Saatfeld, da
rief einer: Seht einmal, des Kubjas Weib fegt die Saat wieder in ihren
Sack! — Jetzt gingen allen die Augen auf: was sie für Wind gehalten,
war die Alte gewesen."

10. Die Schmiede des Teufels.

¹) Auf der Insel Dagö. Schon der Name (püha lepp, heilige Erle,) deutet auf die frühere Existenz eines heidnischen Opferhaines, den die ka=tholischen Priester, wie in unzähligen anderen Fällen, niederhauten, um auf der Stätte der alten Gottesverehrung den Tempel Christi zu erbauen. So sank der alte Donnergott Uko in der Vorstellung des Volkes allmählich auf die Stufe des Donner und Gepolter verursachenden Teufels und seine Esse ist noch eine Erinnerung an den Blitz des Heidengottes.

12. Der Soldat und der Teufel.

¹) Die doppeläugigen Hunde, die Verwandten des Wolfes, wittern und verfolgen den Teufel nicht minder wie es der Wolf selbst, sein Erbfeind von Anbeginn, thut.

²) Der übergeschnallte dritte Riemen bildet mit den übrigen die den Teufel bannende Figur des Kreuzes. Zugleich ist an die heilige Zahl der Dreieinigkeit zu denken.

13. Wie des Teufels Sohn ein Weib gewann.

¹) Der altheidnische Gott naht den ehemaligen Heiden an einem alt=heidnischen Festtage. Der Sonnabend hat bis auf die jüngste Vergangen=heit in vielen Landestheilen ein gewisses Ansehen behauptet (man ging z. B. nicht am Sonnabend, sondern am Mittwoch in's Bad) und scheint auch heute noch nicht überall dem Einfluß des christlichen Sonntags ge=wichen zu sein. Die Auffassung, daß es Demjenigen, der am Sonnabend abends allein in der Badestube zurückbleibt, schlimm gehen würde, ist ganz vulgär und es heißt geradezu, daß, wenn es ein Frauenzimmer ist, der Teufel sich dasselbe zum Weibe nehme.

²) Drei Söhne des Teufels finde ich in der estnischen Ueberlieferung sonst nicht genannt; die Anzahl bleibt entweder unbestimmt, oder es wird, wie im Märchen Nr. 15, ein Sohn vorgeführt. Letzteres stimmt auch mit den finnischen Runen überein, die den „kleinen Sohn" des bösen (Wald=) Gottes namhaft machen (Hiien poika pikkarainen).

³) Das Aufmachen des Heuschobers mit dem Rechen geschieht derartig, daß der Schober gewissermaßen als aus zwei Etagen bestehend erscheint, die durch eine um die Mitte des Schobers laufende eingesenkte Linie von

einander abgegrenzt sind. Diese Linie heißt der Gürtel (wöö). Ein mit dem Gürtel gekennzeichneter Schober durfte weder von dem Schratt noch vom Teufel geplündert werden (vgl. J. Kunder: „Eesti muinasjutud" pag. 46, Wesenberg 1885).

14. Der Bauer und die drei Teufel.

1) Wie hier die altestnische Wald= und Heidegottheit den Hund (estnisch „rakk", eine noch jetzt gebräuchliche Bezeichnung für Hündchen) im Gefolge hat, so auch der finnische Waldgott Hüsi den „rakki", dessen Natur als böse geschildert wird.

2) Der Teufel will auf das christliche Fest geladen sein! Dieser schein= bare Widerspruch erklärt sich aber sofort, wenn wir uns daran erinnern, daß das Christfest auf den Termin der altheidnischen Feier der Winter= sonnenwende fällt.

3) Die Sitte, am Weihnachtsfest bestimmte Speisen zu genießen, ist auch bei den Esten heidnische Tradition. Die Festsuppe besteht aus dickem Sauerkraut in Wurstbrühe; außerdem kommt Schweinebraten und nament= lich Wurst auf den Tisch. Auch versäumte man nicht Bier zu brauen. Der Tisch bleibt bis zum Morgen des ersten Feiertages gedeckt und die Kerze darauf darf nicht ausgelöscht werden.

4) Das will sagen: Opfere den alten Göttern, die Deine Fluren und Felder segnen, von dem Ueberfluß ihrer Gaben! — Der christliche Bauer kehrt zwar nicht zu den Handlungen des Heidenthums zurück, gewinnt aber auch nicht aus dem Christenthum die nöthige Unterstützung für seinen Widerstand, sondern sucht sie bei dem heidnischen Priester, dem Zauberer, der noch mit der alten Götterwelt verkehrt.

16. Der Forstwart wird ein Doctor.

1) Für die dem Teufel verfallene Seele tritt die Scheidung vom Körper nicht in der gewöhnlichen radicalen Weise ein. Der Hörige des Teufels stirbt zwar für die übrigen Menschen, man kann aber seinen Leichnam nicht bestatten, denn der Körper, der nicht eigentlich todt ist, ver= schwindet unter irgend welchen schrecklichen Umständen. Obgleich also auch der Körper dem Teufel verfallen erscheint, wird doch die Seele als die einzige Realität betrachtet, da sie, gleichgültig gegen ihre sichtbare Form,

nach dem Tode entweder im Reich des Höllenfürsten und in harten Diensten weiterlebt, oder solche auch auf der Erde in den mannigfachsten Gestalten leistet, wie die Laune ihres Herrn sie ihnen verleiht, z. B. als Pferd vor der Kutsche des Teufels.

17. Der Schatzträger.

1) Was in Nr. 8 und 13 Anm. vom Sonnabend gesagt ist, gilt ebenso vom Donnerstag, dem Tage des Taara, an welchem z. B. Niemand auf der Sackpfeife, dem Instrument des Gottes, spielen durfte, ja in manchen Gegenden (Allentacken ꝛc.) mußte sogar jedes, auch das gering= fügigste Geräusch, selbst lautes Sprechen, ängstlich vermieden werden.

2) Die Herstellung des Schratt ist nicht überall die gleiche. Namentlich fehlt ihm in unserem Märchen der lange Lumpenstreif, mit dem er andrer= orts behängt zu werden pflegte, ein deutlicher Hinweis auf den meteoro= logischen Ursprung des Schratt=Glaubens. Vgl. Paul Einhorn's Reformatio gen. lett., Riga 1636, Cap. V., wo es u. A. heißt: „Seine Gestalt betreffend, sol er gantz Fewr=roht seyn, vnd wie ein brennend Fewr, durch die Lufft gar eiligst hinfließen. Wann er ledig ist, vnd mit Getreyde nicht erfüllet, sol er gantz Fewr=roht, wann er aber Korn vnd andere Dinge gestohlen, vnd sich damit erfüllet, gantz blaw vnd abschewlich anzu= sehen seyn." Und Sebastian Münster's Cosmographey (bis 1598), III. Buch, Cap. 497.... „Es erscheinen in diesem Landt (Livland) zum offtermal des Nachts fliegende Fewrige Schlangen und ander Teuffels Gespänst" ꝛc. Vgl. das „Inland" 1837 Nr. 42 und 1848 Nr. 29 und 30, weiter meinen Aufsatz über baltische Archäodoxie in Nr. 283 der „Rigaschen Zeitung", 1887, Blumberg, Quellen und Realien des Kalewipoeg, Dorpat 1869, pag. 37 flg., Rußwurm, Eibofolke II, pag. 241 flg. In einer altestnischen Beschwörungsformel erscheint der Kobold noch schreck= licher: „Der Du aus der Tiefe der Erde und des Meeres, aus der Höhe und Breite des Himmels, aus allen Weltenden und allen Himmelssternen, aus dem neunten Monat und dem neunten Tage, aus dem neunten Winde und dem neunten Regen, aus dem neunten Holz und dem neunten Stein, aus dem Maikäfer und der Erde Ungeziefer, aus Meeresschaum und Erden= staub, aus Hexenbutter und Moorschiller, aus Federn und Flachsfasern, Fliegenschwamm und altem Geschwür, aus einem Besenstumpf und Quast= stiel, — der Du aus allen nichtigen Dingen zusammengelesen und in die

Lüfte gesandt bist, mögest Du auf ewig gefesselt werden an einen ehernen Pfosten in des Höllenpfuhles tiefsten Grüften!"

Aus Holzmayer (a. a. O. pag. 12) möchte ich noch folgende Erzählung mittheilen:

„Ein Weib ging am Weihnachtssonnabend, der gerade auf den Donnerstag Abend fiel, in die Badstube mit ein paar abgenutzten Badequästen, alten Lappen, Kienspänen und Kohlen. Sie geht auf den Ofen, macht aus den mitgebrachten Sachen eine Puppe, aus dem Badequast den Körper, aus den Kienspänen Hände und Füße und Gesicht; mit den Kohlen malt sie Augen, Mund und Nase. Als sie damit zu Stande gekommen war, sagte sie: Minu hing ja sinu hing olgu üks! (Meine Seele und Deine Seele sei eins!). Darauf ließ sie drei Tropfen Blut aus dem nimetis-sõrm (Goldfinger) auf die Herzstelle der Puppe fallen und sofort stand ein großer Kerl vor ihr mit der Frage: Was soll ich thun? — Ein armer Wirth, der das Weib belauscht hatte, um diese Kunst zu erlernen, verfertigte aus denselben Gegenständen einen Wedaja (Schratt), sagte aber: Sinu hing ja meite wana kirju litsi hing olgu üks! (Deine Seele und unserer alten bunten Hündin Seele sei eins!), auch hatte er kein Blut aus seinem Finger dazu genommen. Sobald er die Worte gesprochen, stand ein Kerl vor ihm mit einem Fuß und sagte: Was soll ich thun? — Was kannst Du denn thun? erwiderte der Wirth, Du hast ja nur einen Fuß. — Deine Schuld, antwortete jener, warum sprachst Du die Worte nicht richtig und warum gabst Du mir kein Blut? Aber gieb mir nur Beschäftigung. — So hole denn das für mich, was der andere für das Weib aus der Ferne holt, dann brauchst Du Krüppel nicht weit zu laufen! — Sogleich verschwand der Wedaja. Der Wirth fand zu Hause sein Weib jammernd vor'm Ofen sitzen: Wir Armen, was haben wir? Andere schwelgen und essen Schweinefleisch und frischen Kohl, was sollen wir essen? Nicht ein Stückchen Licht, um das Zimmer zu erhellen! — Sei ruhig, sagte der Mann, gehe in die Speisekammer und hole mir einen Eimer Bier! — Das Weib glaubte sich genekt und erwiderte: Seit sieben Jahren haben wir kein Bier gebraut und von der Tonne sind die Reifen abgesprungen; wo soll das Bier herkommen? — Geh und hole Bier, sage ich Dir! gebot der Mann. Wie staunte das Weib, als ihr beim Ausziehen des Zapfens wirklich der braune Strahl entgegenschäumte. Sie ging, ihrem Mann aufzuwarten; der aber befahl: Bringe nun auch Licht! Sie ging und fand an einem Stäbchen zwischen den Deckſparren eine Menge Lichte aufgehängt. Als ſie Licht angezündet hatte, hieß ſie der Mann Schweinefleiſch und friſchen Kohl kochen. Sie findet das Gewünſchte in der Kammer, bereitet es zu, und als ſie ſich es eben ſehr wohl ſchmecken laſſen, hören ſie plötzlich ein furchtbares Würgen und Aechzen auf dem Hofe. Der Mann ſpringt raſch durch die Thür und ſieht, wie die beiden Wedajad, welche mit ihrer Beute zwiſchen der Pforte des Grenzzaunes zuſammengetroffen waren, gewaltig mit einander ringen, um ſich ihre Beute abzujagen. Der Einfüßige war ſtärker und erwürgte den andern. Nach einem Jahr war der reiche Wirth, dem der erſchlagene Wedaja gehört hatte, arm, und der arme reich geworden.“

³) Die Kenntniß der angeblichen Schöpfungsworte gehörte nur Wenigen an. Im Kalewi poeg (XI, 91—140) wird unter den Künſten und Kräften des gewaltigen Peipus-Zauberers ausdrücklich angeführt, er ver⸗ möge auch „Schatzträger auf Kreuzwegen in's Leben zu rufen“.

Unter den Beſchwörungsmitteln gilt das aus dem Ringfinger ver⸗ goſſene Blut als das vornehmſte. Es iſt eine deutliche Erinnerung an das Schlachtopfer des Heidenthums, das nur hervorragende Gottheiten genoſſen. Deshalb wendet ſich jenes Opfer der drei Blutstropfen auch in ſpäterer Zeit immer noch an eine auserwählte, übermenſchliche Perſon, gewöhnlich, doch nicht immer, an den Teufel. So vergießt z. B. (Kalewi poeg XI, 356 flg.) der obengenannte Peipus-Zauberer, um das Schwert des ſchlafenden Heros Kalew in ſeine Gewalt zu bekommen, nach Erſchöpfung aller übrigen Künſte endlich Blut aus ſeinem Finger „als Gabe (Opfer) für den Schwertbewahrer“, d. h. den Kalewſohn, den Abkömmling des Himmels, der ſelbſt ſchlafend von ſolchem Opfer bezwungen werden ſoll.

18. Wie der Wolf erſchaffen wurde.

¹) D. h. Altvater, Uko oder Jumal.

²) Farnkraut und Seidelbaſt oder Kellerhals (Daphne mezereum), eſtniſch sõnajalg und nasiniin, ſind dem Teufel zuſtändig. Verbrennt Jemand einen Seidelbaſtſtrauch, ſo zündet ihm der Teufel das Haus an. Unter dem Farnkraut verbarg ſich einmal der Teufel vor den Pfeilen des Donnergottes.

³) Der Teufel verſucht ſich im eſtniſchen Märchen überhaupt gern als Schöpfer, weiß es aber nur verkehrt anzufangen und ermangelt ſtets der Macht, ſeine Geſchöpfe zu beſeelen.

20. Die Speisung der Wölfe.

1) Ein Gut im Kirchspiel Leal (im Wiek'schen Kreise, Estland).

2) Das „viereckige Ding", das hier wie ein „Schleifstein" aussieht, wird gewöhnlich für ein süßlich schmeckendes Wolkenstück gehalten, dem ein auf sumpfigem Boden wuchernder, schwamm- und gallertartiger Pilz entsprechen soll. Die Speisung geschieht durch St. Georg im Winter einmal monatlich. Boecler (Der einf. Esten abergläubische Gebräuche ꝛc.) berichtet: „Wann die Wölffe sehr und offt heulen, sagen sie, daß sie dann zu GOtt ümb Nahrung ruffen, alsdann würden ihnen dicke Stücker Wolcken herunter geworffen, die sie an statt Speise gebrauchten und sich davon erhielten." — Holzmayer: (a. a. O. pag. 35 flg.) theilt nach Ueberlieferungen aus Oesel und Mohn mit:

„Wenn die Wölfe heulen, werden sie vom Himmel aus, und zwar vom h. Georg, mit Fleisch und Brodkuckeln gefüttert; auch Schleifsteinstücke (tahutükid) werden ihnen vorgeworfen. Ein jeder bekommt dann seinen Antheil (osa). — Hat sich ein Mensch, um diesen Vorgang zu beobachten, in der Nähe versteckt, so erhält ein Wolf kein osa. Eine Stimme ruft dann vom Himmel: „Sinu osa on pöösa taga!" (Dein Antheil ist hinter dem Busch!), worauf der Wolf auf ihn losstürzt und ihn zerfleischt. — Ein neugieriger Bauer, dem es bekannt war, was das Heulen bedeutete, wollte, als er dieses wieder einmal vernahm, doch gerne sehen, wie die Wölfe gefüttert werden. Hinter einem Busch versteckt, nimmt er wahr, daß der h. Georg jedem eine Portion Fleisch hinwirft, nur einer bekommt nichts. Da derselbe in Folge davon unaufhörlich heult, so ruft der h. Georg ihm zu: „Dein Theil ist hinter dem Busch!" Der Wolf fällt über den Lauscher, der schwächer ist als sein Feind, her und will ihn würgen. Während des ungleichen Kampfes ruft eine Stimme dem Bauern zu: „Versprich dem Wolf Deinen scheckigen Ochsen, dann kommst Du los." Der Wolf giebt sich mit dem gegebenen Versprechen auch zufrieden. Auf dem Heimwege aber fängt dem Bauer sein Ochse an leid zu thun und er beschließt, ihn dem Wolf nicht zu geben. Wie er noch mit diesem Gedanken beschäftigt ist, kommt ihm plötzlich sein Ochse entgegengelaufen. Er will ihn nach Hause treiben, aber das Thier läßt sich nicht aufhalten, sondern läuft geraden Weges in den Wald, wo der Wolf es in Empfang nimmt."

21. Der Wolf als Beschützer.

[1]) Hier erregt also der Gott den Donner nicht, wie in Nr. 4, durch den Ton der Sackpfeife, sondern nach anderer Vorstellung durch stürmische Fahrt auf erzbeschlagenen Rädern über die Eisenbrücke. So auch mehrfach in anderen Märchen und im Kalewi poeg.

[2]) Der Blitz verfolgt den Teufel und wo er einschlägt, hat er den Teufel getroffen. Um diesem keinen Schlupfwinkel zu bieten, wo er sich vor den Pfeilen des Donnergottes verbergen könnte, darf man daher, vom Gewitter im Freien überrascht, weder die Taschen, Messerscheiden am Gürtel und dergleichen leer und offen halten, noch irgend ein Kleidungsstück auf= nehmen, wie es hier die Frau mit der Schürze thut.

22. Die Hündlein des heiligen Georg.

[1]) Dem katholischen St. Georg bewahrt das estnische Landvolk bis in die Gegenwart ein lebendiges Andenken. St. Georgs-Tag („Georgi"), d. h. der 23. April, tritt schon deshalb als einer der bedeutungsvollsten Tage im Volksleben auf, weil er für den ersten Frühlingstag, an dem die Herden zum ersten Mal auf die Wiesen getrieben werden, und als Termin für die Lohn=, Pacht=, Mieth= und andere Verträge gilt. Viele Verrichtungen des täglichen Lebens, an diesem Tage begangen, hält der Volksglaube für ver= derblich. So dürfe man am St. Georgs-Tage nichts im Sack aus dem Hause tragen, sonst werde der Wolf auch die Thiere aus der Herde weg= tragen. St. Georg ist ex officio der Patron der Wölfe, vor denen er jedoch ebenso die Menschen schützt. Deßhalb tragen an seinem Tage die Wölfe einen festen Ring um die Schnauze und eine Halfter um den Kopf. Wiedemann („Aus dem inneren und äußeren Leben der Esten", St. Peters= burg 1876, pag. 357 flg.) bemerkt: ... „wenn St. Georg auf einen Freitag des Neumondes fällt, ... so ist das Vieh durch den Wolf sehr gefährdet. Am Morgen, vor dem Austreiben der Herde giebt der Hirt den Hausvätern und Hausfrauen zu trinken, damit der Wolf die Thiere nicht beschädige, und empfängt dabei für jede Kuh das sogenannte ‚Schwanzgeld' (dasselbe betrug, wie wir hinzufügen, gewöhnlich 2 Kopeken). Die Hüterknaben dürfen vor St. Georg nicht Fleisch oder Butter essen bei der Herde, sonst wird der Wolf viel Thiere rauben, und die Butter wird nicht zusammengehen, auch nicht Feuer anzünden, damit der Wolf nicht ‚feurige Zähne' bekomme. Viehglocken

darf man nicht vor St. Georg machen und dem Vieh anhängen, sonst wird der Wolf dadurch herbeigerufen... Wenn man am Morgen dieses Tages näht, so bleiben die Jungen des Wolfes blind."

2) Die Zahl neun ist die heiligste und kam Uko zu.

3) Das Holz der Eberesche gilt, wie das des Wacholders, der Erle, der Tanne und mehrerer anderer Arten, für besonders zauberkräftig, da alle diese Baumarten bestimmten, wohlwollenden Gottheiten besonders geheiligt sind. Die Eberesche heißt nicht selten geradezu püha (heilig). Auch der Stab des Hirten, mit dem er am Georgs-Tage die Herde austreibt, muß von Ebereschenholz sein. Der Stock wird zu Weihnachten geschnitten oder erworben, den Winter über im Strohdach des Viehstalles aufbewahrt und am Georgs-Tage dem Hirten übergeben. Wiedemann (a. a. O. pag. 393) berichtet: „Dem Viehhüter verkaufen Zauberer Hirtenstäbe, durch welche das Vieh vor allerlei Schaden geschützt ist. Es sind ziemlich dicke Knüttel aus Ebereschenholz mit verschiedenen eingeschnittenen Zeichen. Die mit Geld erkauften haben ihre Wirkung das eine Jahr hindurch, die mit einigen Tropfen Blut erkauften für immer." — Derartige Hirtenstäbe heißen „karjatse warjukepid" (Hirten-Schutzstäbe). Sie trugen nicht nur Runen und Zauberzeichen, sondern waren nicht selten zum Theil ausgehöhlt und dann mit Quecksilber gefüllt.

24. Der Peipus-See.

1) Der größte und sagenberühmteste See in den baltischen Provinzen, im Epos, Volkslied und Märchen häufig genannt.

2) Bei Sebastian Münster (a. a. O. Cap. 496) heißt es: Lyfflandt „hat Vieh gnug, allerlei Fisch, auch Gewild, alß Bären, Elent, Füchß, Lüchß, Marden, Zobeln" rc. Und in einer alten Familien- und Kirchenordnung aus dem 16. Jahrhundert: ...„daß die Strand- und Land-Pauren keine Stricke auf Elend, wilde Schweine, Rehe oder Haasen stellen sollen; belangende aber Bären, Wölffe, Luxe, Füchse, Marder, Ottern, Graßwerke und andere Wildwaaren, solche sollen nach der alten Freyheit ihnen zu schlagen freygelassen werden" rc.

3) Eine derartige Unterscheidung der Götter nimmt sich — wie später die Zurücksetzung und Rache der schwarzen Götter und noch mancher andere, kleinere Zug in diesem Märchen — jedenfalls unestnisch aus.

25. Wie der See zu Euseküll entstand.

[1]) Landgut im Kirchspiel Paistel, Kreis Fellin (Livland), estnisch „Ōiso", also fast gleichlautend mit dem später genannten „Oiso" im Kirchspiel Turgel (Estland).

[2]) Gut Kersel, vor Euseküll gelegen.

[3]) Wie die Sagen indogermanischer Völker, so berichten auch die der Ugrofinnen häufig von Wanderungen der Seen oder ihrer plötzlichen Entstehung an irgend einem Orte (vgl. das Märchen Nr. 16 in der 1. Lieferung der „Sagen und Märchen" ꝛc.). Der Stier mit goldenen Hörnern, der Gott des Gewitters, stürmt brüllend (donnernd) einher und aus den Fluthen, die aus seinem Schoße stürzen, entsteht das Wasserbecken, in welchem er, oder ein Wesenstheil von ihm, nun auch Wohnung nimmt und Opfer verlangt. In estnischen Volksliedern werden Wassergeister direct als Kinder des Gewittergottes aufgeführt. Thatsächlich wurden Quellen, Flüssen und Seen bis in die neueste Zeit Opfer dargebracht und es ist keine Frage, daß sich darunter auch Menschenopfer befanden (vgl. Nr. 27).

Der Stier pflegt mit Hörnern und Hufen das Bett des neuen Gewässers zu graben. Diese Aufgabe gelingt ihm in unserem Märchen nicht: er scheint bei Kersell zurückzubleiben, während die Wolke weiter zieht und sich auf einer Wiese niederläßt. —

In deutscher Sprache ist von den estnischen Märchen dieser Gattung zum ersten Mal die Sage vom Eim-See erschienen und zwar in Fr. Thiersch' Taschenbuch für Liebe und Freundschaft, 1809, welche Quelle Jacob Grimm (Deutsche Mythologie pag. 566) benutzte. Die Eim-Sage erweist sich zwar dem von mir in der ersten Lieferung dieses Werkes veröffentlichten Märchen Nr. 16 vom Emmu-See und Wirts-See nah verwandt, dürfte jedoch nur Wenigen bekannt geworden sein, weshalb ich sie hier von Neuem abdrucken lasse:

Wilde, böse Menschen wohnten am Ufer des Eim. Sie mähten die Wiesen nicht, die er wässerte, besäeten die Aecker nicht, die er fruchtbar machte, sondern raubten und mordeten, daß die klare Fluth durch das Blut der Erschlagenen getrübt wurde. Da trauerte der See. Eines Abends berief er seine Fische alle und hob sich mit ihnen in die Lüfte. Als die Räuber das Tosen vernahmen, riefen sie: Der Eim ist aufgestiegen, laßt uns seine Fische und Schätze sammeln! Aber die Fische waren mitgezogen und nichts fand sich in dem Grund als Schlangen, Frösche und Kröten —

die ſtiegen heraus und wohnten bei dem Räubergeſchlecht. Aber der Eim
ſtieg immer höher und eilte, einer weißer Wolke gleich, durch die Luft.
Die Jäger in den Wäldern ſprachen: Welch ein dunkles Wetter zieht über
uns? Die Hirten: Welcher weiße Schwan fliegt in der Höhe? — Die
ganze Nacht ſchwebte er unter den Sternen, am Morgen erblickten ihn die
Schnitter, wie er ſich ſenkte und aus dem Schwan ein weißes Schiff und
aus dem Schiffe ein dunkler Wolkenzug ward. Und es ſprach aus den
Gewäſſern (der Wolke): Hebe Dich von dannen mit der Ernte, ich will
wohnen bei Dir! — Da hießen ſie ihn willkommen, wenn er ihre Aecker
und Wieſen bethauen wolle; er ſenkte ſich nieder und breitete in einem
Lager ſich aus nach allen Enden. Sie ordneten ſein Bett, zogen Dämme,
pflanzten junge Bäume an's Ufer, ſeine Wellen zu kühlen. Da machte
er die ganze Gegend fruchtbar, das Gefilde grünte und ſie tanzten um ihn,
daß der Alte (!) jugendlich froh ward.

26. Das verſunkene Schloß.

1) Im Kirchſpiel Helmet (Fellin).

2) Die alten Eſten müſſen über Verhältniſſe, wie die hier geſchilderten
ein ſtrenges Urtheil gehabt haben, da ſie ſchon das Adulterium mit dem
Tode beſtraften. Gewöhnlich wurden die Schuldigen geſteinigt. In einigen
Gegenden beging die verheirathete Frau, wenn ſie ohne ihren Kopfputz
(Haube), die ſie von den Jungfrauen unterſchied, das Haus verließ, ein
Verbrechen gegen den öffentlichen Anſtand. Ein junges Weib auf der
Inſel Oeſel, welches mit entblößtem Kopfe ihrer von Stieren verfolgten
Kuh nachlief, ward von dem Volke augenblicklich geſteinigt.

27. Die blaue Quelle.

1) Im gleichnamigen Kirchſpiel und Dörptſchen Kreiſe (Livland).

2) Der Glaube, daß die Gottheiten der Gewäſſer nach Gefallen und
Gunſt das Wetter beſtimmen, iſt alteſtniſch und im Volke allgemein. Da
der Gewittergott, der nach Gutdünken die Wolken zu ſammeln und zu
verhalten, Regen und Dürre auszutheilen ſcheint, in geringeren Erſcheinungs=
formen alle Gewäſſer beſeelt, ſo wandte man ſich im Grunde an ihn, wenn
man ſeine Hypoſtaſe in irgend einem Quell oder See anflehte. Daher die noch
jetzt erhaltenen Bezeichnungen „Wetterquell" und „Wetterſee" (ilmaläte

und ilmjärw), denen nicht selten das Epitheton „püha“ (heilig) zu Theil wird.
So auch bei den Lappen und Finnen (pyhäjoki, pyhävesi ꝛc.). Unter den
Gewässern aller Art genossen natürlich einzelne einer besonderen Verehrung
als untrügliche Orakelsitze wettermachender Gottheiten, die reiche Opfer an
Geld (Silbermünzen) und Thieren (schwarzen Rindern ꝛc.), ja bisweilen
Menschenopfer empfingen und auf das äußerste sauber gehalten wurden,
sowie für unantastbar galten. Die geringste Verunreinigung oder Ver-
gewaltigung eines solchen Gewässers (z. B. durch Eindämmung, oder, wie
hier, durch ungebührliche Erweiterung der Quellmündung) hatte unfehlbar
den Zorn des Gottes im Gefolge, der sich gewöhnlich durch ein heftiges
Unwetter, Hagelschlag, Dürre ꝛc. rächte. Gutes Wetter erflehte man in
Hymnen und Gebeten von dem Licht= und Wassergott selbst, oder von
seinen irdischen Vasallen, den Wassergottheiten, hauptsächlich jedoch von
den Letztgenannten. So lautet ein Gebetfragment an die Sonne:

Schmücke, schmücke Dich, o Wetter,
Ziere, ziere Dich, o Sonne,
Schmücke Dich mit Zauberschmucke,
Ziere Dich mit Zauberfranzen!
Neulich war so schön Dein Schmuck,
Glänzend war gesäumt die Sonne!

Und an die Quellgottheit, zugleich jedoch an ihren Vater, den stier=
ähnlich brüllenden Gewittergott:

Laß, o Quelle, klar und offen
Gutes Wetter doch erglänzen
Ackerleuten, Saatenstreuern,
Die die Bodenkrume wenden,
Denen, die das Saatkorn mischen!
Stier, o Stier, laß ab vom Brüllen
Und zerstreu' die bösen Wolken!
Wetterborn, Du Sohn des Vaters,
Wolle Du die Fluren segnen!

(Zusatz:) Im Märchen vom Emmu=See und Wirts=See (Nr. 16 der
1. Lieferung dieses Werkes) thut Altvater für den Winter einen „Wärme=
stein“ in die Quellen, der warmes Wetter erzeugt, im Sommer aber, zur
Erzielung der entgegengesetzten Temperatur, einen „Kältestein“. Die nämliche
Anschauung hat auch Holzmayer (a. a. O. pag. 5) aus der Schworbe

und aus Peude aufgezeichnet. Nach jener Mittheilung vollzieht Altvater die Steinsetzung am 24. Februar, d. h. am Matthiastage, und tauscht im Herbst die Steine um. — Wilhelm Schott macht zu diesem Thema (in seiner Schrift: Einiges zur japanischen Dicht- und Verskunst. Aus den Abhandlungen der königlichen Akademie der Wissenschaften zu Berlin 1878, pag. 170 flg.) interessante Bemerkungen: „Steine oder steinähnliche ... Substanzen ... wurden und werden immer noch in sehr verschiedenen Ländern wenigstens für Erzeuger des Regens und somit auch einer kühlen Luftbeschaffenheit gehalten... So kennt der Araber einen hagar matar d. i. Regenstein, der Mongole den dsadu čilaghun (čilûn) d. i. Stein des dsada oder gada, worunter die Mongolen nicht sowohl den Regen selbst, als regniges Wetter verstehen... Eine chinesische Sage kennt einen Stein, der trübes oder nasses, und einen anderen, der helles und trockenes Wetter machen kann". — Im Anschluß hieran citirt mein verehrter Freund ebendaselbst folgende Notiz aus Gregorovius' „Geschichte der Stadt Rom im Mittelalter" (Band 2, pag. 82): „Die Tunica des Evangelisten Johannes (von Gregor dem Großen erworben) that noch zur Zeit des Johannes Diaconus (Vita St. Gregorii III, cap. 58) Wunder. Vor den Thüren des Laterans ausgeschüttelt, zog sie in der Dürre Regen herab und machte zur Zeit der Wolkenfluth heiteren Himmel. Somit hatten die Römer den lapis manalis oder Regenstein, welcher durch Umtragen auf der Via Appia Jahrhunderte lang dieselben Wunder in heidnischer Zeit bewirkte, glücklich ersetzt."

3) Also Menschenopfer! Gewöhnlich hängt jedoch ein Widderkopf an dem aufgewundenen Seil. Das Menschenopfer muß sowohl selten gewesen, als auch sehr früh von dem Thieropfer verdrängt worden sein. Widder-opfer für die Wassergottheiten sind auch bei den verwandten Stämmen ge-wöhnlich, so z. B. bei den Wotjaken.

4) Aehnliche Drohungen des gestörten Wassergottes finden sich häufig auch in den indogermanischen Mythen.

28. Die zwölf Töchter.

1) Wenn das Märchen dieses Umstandes besonders gedenkt, so kann darin zwar eine Andeutung auf die den Kindern als Töchtern der Wassersee zustehende weiße, herabfließende Gewandung gefunden werden. Weiter ver-

gegenwärtige man sich aber auch, daß die unerwachsene Jugend der estnischen Dörfer, zumal die ärmere, das Jahr über nichts Anderes auf dem
Leibe trägt, als das bloße Hemd, welches nicht allzuhäufig gewechselt wird.
Stete Sauberkeit dieses Wäschestückes bei armer Leute Kindern wäre also
an sich schon ein besonderer, auffallender Vorzug.

2) Vgl. die Anmerkungen zu Nr. 17.

3) Das Nähere darüber in der Anmerkung zu Nr. 9.

4) Auf diese bedeutungsvollste Nacht des ganzen heidnischen Jahres
wird auch der Schatzgräber in Nr. 40 verwiesen, den ebenfalls eine Stimme
zum Gehorsam gegen den Ruf der Gottheit mahnt.

5) Die Entgegennahme des von der Gefolgschaft des Freiers angebotenen
Branntweins bedeutet das Jawort des umworbenen Mädchens und die
Einwilligung seiner Eltern.

6) Sehr kleine Kiesel, die man zum Reinigen des Lägels oder Milch-
fäßchens benutzte.

7) Die Quellnymphe will diese Rangbestimmung nicht buchstäblich genommen wissen, da sie sogleich ihr Herrschaftsgebiet näher bestimmt und
begrenzt. Sie ist also nur die Königin der Quellen und Bäche. Die
oberste Wassergöttin trägt den Titel Wette oder Mere ema (Wasser- oder
Meermutter, finnisch Wellamo) und hat als solche den Meergott (Ahti)
zum Gemahl oder den obersten Windgott zum Liebsten.

8) In der Anmerkung zu Nr. 9 ist schon auf das nahe Verhältniß
der Windgottheiten zu den Wassergottheiten hingewiesen.

9) Von den Elementargeistern vertauscht sonst gewöhnlich der Teufel
seine Wechselbälge gegen die Kinder der Menschen.

29. Die Kirche zu St. Olai.

1) Olaf erinnert mit seinem Eifer und Geschick für den Bau der ersten
christlichen Kirche an den im ganzen Norden berühmten Olaf den Heiligen
(den Dicken), der 1030 in der Schlacht bei Sticklestad gegen Knut d. Gr.
den Tod fand. Sein Bildniß zeigt ihn, den glühenden Anhänger des
Christenthums, wie er den Drachen des Heidenthums (Kröte und Schlange)
zertritt. — Mit größerer Wahrscheinlichkeit lehnt sich aber Olaf unmittel-
bar an den städtegründenden Kalewiden-Sprößling Olew an.

30. Die Kirche zu Pühalepp.

¹) Von ähnlichen Entscheiden durch heidnische Orakelbefragung berichten auch unsere ältesten Chronisten. Vergl. die folgende Sage „Die Kirche zu Kreutz".

²) Vgl. die Anmerkung zu Nr. 10.

31. Die Kirche zum heiligen Kreuz.

¹) Der erste Theil der Sage mit dem Mirakel vom heiligen Kreuz entspringt offenbar vorlutherischer Zeit. Auf der verfallenen katholischen Capelle erhob sich später ein mächtiger Baum, der nun umgekehrt zum Gegenstande altheidnischer Anbetung wurde. Nach J. Jung „Kodumaalt" (Aus der Heimath) Nr. 6, pag. 42 flg., brachte das Volk noch am Anfang unseres Jahrhunderts auf jener geheiligten Stätte Geld- und Erstlings- opfer an Getreide u. dergl. dar und der Verfasser selbst hat Reste solcher Opfer in den Ruinen der Capelle vorgefunden. Der Befehl, die Ruine dem Erdboden gleich zu machen, oder den heiligen Baum zu fällen, ist von einem Pfarrer zu St. Johannis und einem Fellinschen Ordnungsrichter ergangen und da von dem versammelten Volke Niemand eine Hand rühren mochte, so gingen die beiden Herren selbst an's Werk. Die ungewohnte körperliche Anstrengung erhitzte sie über die Maßen und da sie in diesem Zustande in der Octoberkälte nach Hause fuhren, warf sie ein heftiges Fieber nieder, dem Beide erlagen.

Das von den altheidnischen Religionsvorstellungen so lange genährte Gemüths- und Gewohnheitsleben des Volkes unterwarf sich nur schein- bar der päpstlich christlichen und erst nach hartnäckigem Widerstande der lutherischen Lehre. Zeugnisse davon liefert die Geschichte unseres Landes unaufhörlich, so die älteren Chronisten, die Erlasse der schwedischen Re- gierung, welche das „abergläubisch Wesen" mit besonderem Eifer verfolgte, und viele andere Quellen. Der Katholicismus namentlich hat die Volks- seele nie nachhaltig erschüttert, sondern ihr kaum mehr als ein Stück seines äußeren Gepräges aufgedrückt; mit der Volksseele berührte er sich inniger nur da, wo die im katholischen Christenthum aufbewahrten Elemente einer älteren Religionsstufe mit den verwandten Ideen der vorchristlichen Meta- physik zusammentreffen. Wie der altestnische Gläubige seinen Priester verehrte, und durch ihn an heiliger Stätte das Erstlingsopfer dem Gotte

heiligen ließ, wie er durch Besprengung mit dem Wasser aus der götter=
bewohnten Quelle sich entsühnte und zu seinem Schutzgott betete, dieses
und mehr dergleichen wiederholt sich getreu in der ganzen katholischen
Periode.   Gottfried Newe sagt in seiner Archontologia Cosmica
(1638, pag. 334 b): ... „Die Estner sind Ingeborne Landleute, haben jhre
besondere Spraach, und ob sie wol einmal die Teutschen Ritter, dann die
Schweden, etwie die Moscowiter zu Herrn gehabt, bleiben sie doch bey
der alten Religion; wiewol sie wenig von Gott wissen, doch thun sie
den Priestern große Ehr an, lassen durch dieselben jhr Saltz, Kertzen, newe
Früchte, und anderß weyhen. Sie haben sehr alte Kirchen und Capellen
im Land, die sie fleissig besuchen, und halten viel von dem Weyhwasser.
Ein jeder erwehlet jhm ein sonderbaren heiligen zum Patronen, doch beichten
und communicieren sie selten" u. s. w.

In einem schwedischen Regierungserlaß aus dem Ende des 17. Jahr=
hunderts heißt es: „Obgleich das abergläubische Opffern im Lande in
denen Landesverordnungen Cap. I, § 10, nicht allein ernstlich verboten,
sondern auch die eyffrige Abschaffung desselben befohlen worden, so muß
man doch ungern vernehmen, daß annoch an vielen Oerten solche
ärgerliche Creutze, Bäume und andere Dinge gefunden werden, wobei
einige in Blindheit steckende Bauerschaft an den Fest= und Aposteltagen
ihre abergläubische Opffer an Gelde, Wachß, Garn und dergleichen
ablegen und sonst mehr theils abgöttisch theils abergläubisch Wesen be=
treiben sollen". Der Erlaß befiehlt die heiligen Bäume und Haine „nieder=
zureißen, zu zerhauen, mit den Opffern zu verbrennen, zu vertilgen und
auf alle dienliche Weise so auszurotten, daß nicht das geringste Mahlzeichen
übrig bleibe, so zu fernerem Aberglauben Anlaß geben könnte", — und
verbietet endlich „ernstlich und bei exemplarischer Straffe alles ärgerliche
Opffern ... bei den Kirchen, Capellen, Gräbern, Büschen, Haynen,
Bäumen, Creutzen, auf den Aeckern, Bergen, Hügeln, Steinen, Ströhmen,
Bächen und Brunnen" u. s. w.

Gerade aus dem 17. Jahrhundert lassen sich die Nachweise für das
hartnäckige Festhalten des Volkes an den altüberlieferten religiösen Vor=
stellungen in großer Fülle beibringen.   Wir wollen noch das Zeugniß
eines lutherischen Pastors citiren, des M. Johann Stemann, der vor
genau 220 Jahren auf der Pfarre Eeks (bei Dorpat) wirkte. In einer
an den Landrath Carl v. Stakelberg-Camby sowie an das Dörptsche Land=
gericht adressirten Supplik beklagt sich der Pastor über die vielfachen

Widerwärtigkeiten seiner Lage und zählt als solche die unzureichenden „Kirch und Pastorat Gebäwen", die kargen Naturalleistungen der Bauern an den Pfarrhof, die schlimmen Wege, endlich aber auch die im Kirchspiel lebenden „Gottes vergessenen Leute", z. B. die „Zauberer" auf. Solche Gottlosen „halten Ihre Abgöttische Capellen und Opffern nach mehr als Heydnischer art den Wald und Feld Teuffeln" 2c. 2c.

2) Man sollte denken, daß unter dem Einfluß der vorzüglichen Schul=bildung, die das Volk genießt, das Bewußtsein der heutigen Generation allen lebendigen Zusammenhang mit der Vorstellungswelt des altestnischen Polytheismus verloren hätte. Wer aber bei uns nur einigermaßen mit diesem Gegenstande beschäftigt ist, erfährt schon aus den Provinzial=nachrichten der estnischen Presse fast allwöchentlich, wie tief die Traditionen des Heidenthums im Volksgemüth haften. Unter solchen Nachrichten aus der jüngsten Vergangenheit will ich nur eine ganz hierher gehörige, in einer estnischen Zeitung veröffentlichte Notiz mittheilen:

„Beim Tahu-Dorfe (im Wiek'schen Kreise der Provinz Estland) steht auf einer Anhöhe ein Stück Kiefernwald, der vom Volke der Opferhain genannt und für heilig gehalten wird. Die älteren Leute glauben und erzählen, daß diejenigen, welche in jenem Walde vorzeiten Bäume gefällt hätten, von mannigfachem Unglück betroffen worden wären. Kürzlich hatte nun der örtliche Gutsbesitzer den Dorfbewohnern die Erlaubniß ertheilt, dem erwähnten Walde unentgeltlich Holz zu Nutzzwecken zu entnehmen. Bisher hat aber noch kein einziger Dörfler seine Axt dahin getragen, in der Furcht, von einem Unglück heimgesucht zu werden. Gegenwärtig läßt der Gutsbesitzer die alten Stämme des Waldes von seinen eigenen Knechten schlagen und verkauft sie Fremden."

32. Die Kirche zu Kreuz.

1) Im gleichnamigen Kirchspiel, Kreis Harrien (Estland).

2) Aehnlich wie in Nr. 30 der „Mann aus dem Volke", unter dem unzweifelhaft ein heidnischer Priester zu verstehen ist. Hier wie dort und anderwärts, wo die neuen Christen in Verlegenheit gerathen, muß der alte Götterhimmel und seine Hierarchie aushelfen; das Christenthum genießt in der Regel ein weit geringeres Vertrauen.

33. Die Kirche zu Goldenbeck.

[1]) In der Wiek (Estland).

[2]) Auch das estnische Heidenthum kannte den Schlangencult und scheint gerade dieser Cult, wie aus dem alten Volkslied und Märchen, aus der mündlichen Tradition und den Berichten der Chroniken hervorgeht, in außerordentlichem Ansehen gestanden zu haben. In Kürze sei dazu Folgendes bemerkt: Jedes Haus hegte eine Schlange, mit deren Existenz das Familienglück verknüpft war. Sie genoß göttliche Verehrung und alle erdenkliche Pflege. Der Schlangendienst forderte Opfer, ja vielleicht Menschenopfer, wie es wenigstens in einem Bericht des Adam von Bremen (de situ Daniae ꝛc. in Lindenborgii script. rer. Germ. pag. 58) von den Esten heißt: „Deum Christianorum ignorant, Dracones adorant cum volucribus, quibus etiam vivos litant homines, quos a mercatoribus emunt, diligenter omnino probatos, ne maculam in corpore habeant, pro qua refutari dicuntur a Draconibus." Propst Trogillus Arnkiel, der sich „studierens halber eine geraume Zeit in Lieffland aufgehalten", wie er selbst bezeugt, sagt (in seinem Werke: „Der uhralten Mitternächtischen Völker Leben, Thaten, und Bekehrung", Hamburg 1702, Bd. 1, pag. 49a): „Habe in Liefland, da vor Zeiten die Abgötterei der Schlangen am höchsten floriret, so viel vernommen, daß man daselbst an einigen Orthen Schlangen gehegt, und ihnen Milch fürgesetzet". Und Bd. 2, pag. 56a: „Das allergreulichste ist, daß die Ehst- und Lieff-Länder nicht allein die Schlangen und Drachen angebetet, besondern auch ihnen lebendige Menschen geopffert; die aber an ihrem Leibe keinen Flecken oder Mangel haben mußten."

Bannsprüche wider die in Wald und Feld wild hausenden Schlangen giebt es noch heute in Fülle. So lautet das Bruchstück einer Schlangenbeschwörung:

> O berühmte Goldenfarbne,
> Erdenfarbne, Leberfarbne,
> Regenfarbne, Haselfarbne,
> Holzbrandfarbne, Kirschenfarbne,
> Mögest mich nicht heimlich beißen,
> Mich nicht unsichtbar versehren,
> Ohn' mein Wissen mich nicht hemmen!

Vgl. auch die große Schlangenbeschwörung im Kalewi poeg XIII, 230—303.

³) Den Schlangenkönig haben die „Unterirdischen" (Mailased), die des Donnergottes geheime Schmiede heißen, mit der goldenen Krone beschenkt. Der Schlangenkönig, bisweilen zweiköpfig, trägt auch wohl um den Hals einen goldenen Reifen und wer diesen oder die Krone erbeutet, erlangt „aller Welt Weisheit", d. h. nicht allein theoretische, sondern auch praktische. — Auf Oesel hat nach Holzmayer (a. a. O. pag. 38 flg.) jede der verschiedenen Arten von Schlangen einen König, der sich durch besondere Länge und Dicke und durch eine Krone auf dem Kopfe von den anderen unterscheidet. Ihren Wohnsitz hat die gekrönte Schlange in einem Steinhaufen, „wohin ihr ihre Generale, Adjutanten u. s. w. auf ihr Pfeifen alles holen. ... Während des Winters wohnen sie unter der Erde in einem herrlichen Schlosse und bringen die kalte Zeit schlafend zu... Ein Mann befand sich an einem schönen Herbsttage im Walde und bemerkte eine Menge Schlangen. Um sie zu beobachten, blieb er stehen. Die Schlangen stellten sich alle in der schönsten militärischen Ordnung auf: Generale, Offiziere und so abwärts bis auf die untersten. Der König war umgeben von seinen Adjutanten. Aller Augen waren ruhig auf den König gerichtet, der sie musterte; nur eine Schlange sah bald hierhin, bald dorthin und schien große Angst und Scham zu fühlen. Der König sprach seine Zufriedenheit aus, jener aber mit dem bösen Gewissen sah er scharf in's Gesicht und wies sie dann als eine Uebelthäterin von seinen Unterthanen weg. Sie hatte trotz des Königs ausdrücklichen Verbots einen Menschen gebissen; dafür sollte sie in der Kälte des Winters jämmerlich umkommen. Denn jetzt traten alle die Reise in das Unterland an. Sie kehrten sich alle zu einem großen breiten Grashalm (lemmrohi). Zuerst zog diesen der ussikuningas (Schlangenkönig) durch den Mund und verschwand unter die Erde, die übrigen thaten dasselbe und folgten ihm. Den Mann trieb die Neugierde, es ebenso zu machen, und ohne es zu wollen, fuhr auch er unter die Erde und sah sich in ein schönes Schloß versetzt, in welchem ihm am meisten ein sehr großer grauer Stein auffiel. Die Schlangen waren mit ihm sehr freundlich. Als es Abend wurde und alle Hunger empfanden, leckten sie den großen grauen Stein, der ihre Nahrung war, und schliefen darauf ein, der Mann ebenso wie die Thiere. Nach einem kurzen Schlafe begaben sich alle in derselben Ordnung, wie sie heruntergekommen waren, wieder auf die Erde zurück. Der Mann ging nach Hause und bat seine Frau um die Suppe, die sie während seiner Abwesenheit habe kochen lassen. Das Weib war nicht wenig überrascht,

den todtgeglaubten Mann wieder zu sehen und bedeutete ihn, daß er im Herbst sie verlassen habe und nun im Frühjahr erst wieder zu ihr komme, und daß die Suppe längst verzehrt sei. Dem Mann war der lange Winter unter der Erde bei den Schlangen wie eine Nacht vorgekommen."

4) Die plötzlich getödtete Schlange hinterläßt entweder einen Haufen gemünztes Gold, oder verwandelt sich selbst in eine Goldbarre.

34. Die Kirche zu Fellin.

1) Die Kirche ist in einem See (jetzt Moor) versunken. Im südlichen Livland liegt (nach dem Zeugniß Wiedemann's a. a. O. pag. 459) ein anderer derartiger See, der „kirikumäo järw" (Kirchbergsee), der sich da niederließ, wo eine Kirche stand, deren Glocke noch jetzt sich hören läßt, wenn ein Unwetter eintreten wird.

35. Der mitleidige Schuhmacher.

1) Auf den ersten Blick scheint es, als ob wir in diesem (und in anderen, ähnlichen, hier nicht aufgenommenen estnischen) Märchen eine Erinnerung aus der ersten christlichen Periode unseres Landes, eine katholische Legende aufbewahrt fänden. Wundererzählungen, in denen die Person Christi in dürftiger Menschengestalt, doch aber mit übermenschlicher Gewalt die Ordnungen des täglichen Weltlaufes durchbricht, sind ja durch alle christlichen Jahrhunderte verbreitet. Wir wollen jedoch in unserem Falle, ohne unser engeres Gebiet zu verlassen und comparative Forschungen anzustellen, einige hierher gehörige Gedanken nicht verschweigen. — Der Katholicismus befolgte auch in unserem Lande die klugen Fundamental= sätze seiner Eroberungspolitik, die durch Gefangennahme des Bewußtseins, durch Assimilation der Gegensätze, durch Ueberredung und Gewöhnung stets mehr als durch das Schwert erlangte. Indem der Katholicismus die dem Heidenthum eingelebte Anhänglichkeit an seine Götter, Feste und Gebräuche schonte, aus den Göttern zwar auch Gespenster und Teufel, aber doch solche von katholisch=christlicher Realität und übernatürlichem, heroischem Wesen, weiter aber göttliche Menschen, christliche Heilige und Märtyrer schuf, die großen christlichen Gedenktage auf heidnische Festtermine fallen ließ und

den christlichen Cult heidnischen Formen anschmiegte, gewann er allmählich
den ungeheuren Vortheil, in der Volksvorstellung gewissermaßen als der
legitime, nicht fremde Erbe der alten Gottesverehrung angesehen zu werden.
Nachweislich fanden Uebertragungen der Thaten und des Characters alter
Götter auf christliche Heroen auch bei uns statt, so auf den heiligen Georg,
Antonius, Olaus, auf Lijon, die Jungfrau Maria, endlich auf Christus
selbst. Da dies nun feststeht, so müssen wir weiter fragen, ob die estnische
Volksmythe nicht eben gerade ihre eigenen Götter und Helden ganz ähnlich
den Kreislauf eines mächtigen menschlichen Lebens durchmessen, in Menschengestalt die Welt durchwandern, göttliche Thaten und Abenteuer unternehmen
läßt, wie sie in diesem Märchen geschildert werden, so daß also unsere
katholische Legende nur als eine Copie eines heidnischen Originales zu
betrachten wäre? Diese Frage bejahe ich ohne Rückhalt. Alle Vorstellungen
überhaupt, welche die Gottheit mit einem menschlich gefärbten Heroenthum
ausstatten und auf mirakulösen Zügen das göttliche Leben in den Erfah-
rungen des Menschenlebens von der Geburt bis zum Tode sich vollenden
lassen (wie hier der Herr das Schicksal eines Bettlers theilt), entstehen in
einer früheren, weit unter dem Christenthum liegenden Religionsstufe.
Die ganze altestnische, halb schon anthropomorphe Götterwelt unterhält mit
der menschlichen einen fortdauernden, regen, persönlichen Verkehr, der
einerseits die gesetzmäßige Gewöhnlichkeit des täglichen Lebens unterbricht,
andrerseits selbst nicht ganz außerhalb der natürlichen Ordnung desselben
steht. Diesen Verkehr kennzeichnet es aber gerade, daß die Himmlischen
mit und in der Ausführung ihrer Unternehmungen das Böse verfolgen,
bestrafen, überwinden und die Befestigung sittlicher (Rechts-) Zustände an-
streben. Das bildet einen großen Theil des Inhalts der nicht rein
schöpferischen Uko - Fahrten und der Wanderungen der mythischen
Heroen, die in der späteren Anschauung zu rein menschlichen Königen und
Helden herabsanken (die Kalewiden). Der Katholicismus fand also in
unserem Volksglauben den umherwandernden, seiner Natur entsprechende
Thaten verrichtenden Gott schon vor; nichts konnte also leichter sein, als
die Metamorphose dieses heidnischen Gottes in den menschgewordenen des
Christenthums. Unser christianisirtes, legendenhaftes Märchen hat daher
auch treu gewisse Züge seiner heidnischen Abstammung aufbewahrt. Dahin
gehört die an urälteste estnisch-finnische Götter- und Heroenfahrten ge-
mahnende Wanderung in die Unterwelt, wie sie von den Kalewiden, Wäi-
nemöinen u. A. unternommen werden; dahin auch der Stab aus dem

Holze des heidnisch=heiligen Wacholders, der unzählige Male wiederkehrende Kampf mit den Titanen der Unterwelt (der Kampf der Sonne mit der Finsterniß), die Befreiung der unschuldigen Kinder, endlich das Fest, das man dem tapferen Befreier im Himmel bereitet.

36. Die Unterirdischen.

[1]) Unter den altestnischen Erddämonen nehmen die „Unterirdischen" (estnisch Mailased oder Maa-alused, finnisch Maa-hiset) einen hervor=ragenden Platz ein. In ihrer Eigenschaft als kunstreiche Schmiede, die nicht nur Gold und Silber in den Felsenschachten bereiten, sondern auch wunderbare Kronen (vgl. die Anmerkung 3 zu Nr. 33), Schwerter, Sensen und dgl. herstellen, stehen sie offenbar unter der Botmäßigkeit des Götter=schmieds Ilmarine, den ich auch in dem Manne mit dem Kiefernstock, der später mit den Insignien einer Feuergottheit auftritt, wiedererkenne. Von dieser zwerghaften Geisterwelt heißt es in den Runen:

> Sie, die kleinen Unterird'schen,
>
> Donnerers verborg'ne Schmiede,
>
> Schafften nachts an ihrem Werke,
>
> Abends an der schweren Arbeit;
>
> Tags, da pflegten sie zu feiern.

Um Neujahr sind sie am eifrigsten bei ihrer Arbeit und führen dann die schweren Hämmer mit solcher Kraft, daß man sie deutlich hören kann. In den Nächten zwischen Weihnacht und Neujahr streifen sie aber auf der Erde umher und geleiten nicht selten gute Menschen, wenn sie mit solchen zusammengerathen, in ihre prächtigen Wohnsitze unter der Erde, wo sie dieselben köstlich bewirthen und gewöhnlich reich beschenkt entlassen. — Ein Mann kam in der Neujahrsnacht an einem See vorüber und sah zwei Jungfrauen, welche mit Lichten in der Hand dort umherwandelten und dem Manne sagten, dieser See bestehe aus den Thränen der Waisen. Auf seine Frage nach ihrer Herkunft antworteten sie, sie seien Maa-alused und hätten in dieser Nacht Erlaubniß hierher zu kommen und sie lebten von dem, „was vor und nach der Sonne sich erhebe" (Thau). Obgleich schon der Hahnenschrei nahe war, wo ihr Urlaub ablief, brachten sie ihn doch noch in ihre Behausung, in ein schönes Zimmer, wo sie ihm zu trinken gaben. Dann öffnete sich ihm die Thür und unversehens war er wieder, wo er früher gewesen.

Diese Elementargeister treten nämlich auch als Genien des Wachsthums auf, zerfallen als solche in männliche und weibliche — wie sie z. B. in einem Opfergebet als „Erdväterchen, Erdmütterchen, Erdjungfrauen, Rasen= frauen" angerufen werden — und gehen damit in die zahlreiche Sippe der Wald= und Feldgottheiten über. Auch in dieser Rolle bewahren sie ihren harmlosen, gutmüthigen Charakter, gerathen jedoch leicht in Zorn, wenn sie ge= stört oder nicht mit gebührender Achtung behandelt werden. Wer sich auf einem Platze niederläßt oder schläft, wo der Erdboden von ihnen bewohnt ist, ohne vorher eine symbolische Handlung oder ein Opfer (von geschabtem Silber) vollzogen zu haben, den strafen sie mit juckendem Ausschlag am Körper.

37. Der Hausgeist.

[1]) Gleich vielen verwandten Märchen, erweist sich auch das vorliegende als Nachbildung einer Episode aus dem Sagenkreise des Kalewi poeg. — Kalew streift nach einem siegreichen Feldzuge mit zwei Gefährten durch's Land, geräth auf ein wüstes Moor und weiter in einen dichten Urwald, den noch keines Menschen Fuß betreten. Da finden die drei Helden eine runzlige Alte an einem Feuer sitzen, auf dem ein großer Kessel Speise kocht. Die Helden machen sich anheischig den Kessel zu bewachen und die Alte räumt ihnen den Platz, warnt sie aber vor ungebetenen nächtlichen Gästen, die leicht den ganzen Kessel leeren könnten. Jetzt halten die beiden Gefährten des Kalew zuerst Nachtwache und jedem von Beiden ergeht es wie dem Koch in unserem Märchen. Der nächtliche Gast, der Teufel in Gestalt eines Zwerges mit kleinen Hörnern, einem Ziegenbärtchen und einem goldenen Glöckchen am Halse, betrügt die wackeren Helden, bis Kalew selbst die Wache am Kessel übernimmt, dem Kleinen das goldene Glöckchen abfordert und ihn dann vor den Kopf schlägt, worauf der Teufel unter Donnergepolter in die Erde versinkt. — Unser Märchen hat den Teufel in den guten Hausgeist, die drei Helden in den Gutsherrn, seinen Vogt und Koch verwandelt, wobei der böse Vogt umgekehrt den edlen Kalewsohn vertritt und den guten Geist bekämpft.

Der Glaube an die Hausgötter (estnisch hoonehoidjad, maja- warjajad, finnisch huoneen haltiat) griff bei den Esten wie bei den indogermanischen Völkern tief in das tägliche Leben ein, da man keine irgend wie bedeutsame Verrichtung vornehmen durfte, ohne ihrer zu gedenken.

Sie galten schlechtweg, wie sie auch genannt werden, als „Herren des Hauses" und genossen daher an jedem Familienereigniß den vornehmsten Antheil. Galt es ein festliches Gelage zu feiern, so brachte man ihnen die ersten Libationen dar, wie es denn im Kalewi poeg (XIX, 469 flg.) heißt:

> Und der theure Sohn des Kalew
> Saß in der Gefährten Mitte
> Und am Tisch scholl frohes Lachen,
> Lust'ges Lärmen im Gemache.
> Rasch die methgefüllten Kannen
> Kreisten in der Männerrunde
> Und es jauchzeten die Recken,
> Auf den Estrich weiten Wurfes
> Weißen Schaum herniederschüttend,
> Opfertrank des Hauses Hütern,
> Seinen mächtigen Beschirmern.

Diese Opfer wiederholten sich bei Hochzeiten, Erntefesten und ähnlichen Veranlassungen, wobei man bestimmte Gebete sprach. Die Schutzgeister wohnen unter den Schwellen, Oefen, auch wohl unter dem Dach des Hauses und erscheinen in zwerghafter Menschengestalt, seltener als sprechende Schlangen und Unken, deren Gestalt sie nur auf Augenblicke annehmen.

38. Die reich vergoltene Wohlthat.

[1]) Dem Namen nach dürfte hier nur an den Waldgeist Kõwer-silm (Schielauge) gedacht werden, der jedoch zur Gruppe der schreckenden und neckenden Walddämonen gehört, wie Äi, Metsik, Mardus, Tike (oder Sõke) u. A., auch keineswegs die umfassende Macht der hier geschilderten Gottheit besitzt. Es wird daher wohl der freundliche oberste Waldgott selbst gemeint sein, der Metsa-isa oder Metsa-kuningas (Waldvater oder Waldkönig, finnisch metsän ukko, metsän kuningas, Tapio), der nach Altvaters Ordnung (vgl. Nr. 8 der 1. Lief.) Herr ist über alle Bäume und Thiere des Waldes und als ein starker alter Mann mit langem grauen Bart, einem Hemd aus Birkenrinde und einem Rock aus Fichtenrinde erscheint. Aehnlich schildern auch die Finnen den Tapio.

39. Des armen Mannes Glück.

1) Wörtlich Lumpen-Hans. — Ursprünglich hatte es der Bauer wohl nur mit dem Baumelf zu thun (wie im vorhergehenden Märchen), der zwar auch diabolische Züge tragen kann, aber nicht mit dem Fürsten der Unterwelt identisch ist.

2) Die originelle Anschauung, daß der Geist der Finsterniß, der doch auch über die abgeschiedenen Seelen gebietet, selbst getödtet, vernichtet werden, sein Sohn aber ihm in der Herrschaft folgen, demnach zwar der oberste Repräsentant des bösen Princips, nicht aber das Prinzip selbst untergehen kann, findet sich nicht selten auch in anderen estnischen Ueberlieferungen.

40. Die nächtlichen Kirchgänger.

1) Estnisch kalm, d. h. nicht christliche, sondern aus der Heidenzeit stammende Stätte, wo die Asche der verbrannten Todten beigesetzt wurde und wo man auch Opfer vollzog.

2) Das estnische lepitama wird heute vom Lexicon mit „sühnen, versöhnen" wiedergegeben. Ursprünglich bedeutete es wohl opfern, wofür das gegenwärtige Estnisch ein Fremdwort eingeführt hat.

3) Der lautlich umgekehrte estnische Imperativ Kergi! (erhebe Dich).

4) Kurz vor der Entscheidungsschlacht, die der Kalewsohn den Feinden seines Landes liefert, vergräbt er in der Stille der Nacht an einem verborgenen Orte den ganzen Königsschatz und giebt dabei an, auf welche Weise und von wem derselbe in Zukunft einmal gehoben werden könne. Die ganze Schilderung (im Kalewi poeg XX, 69—117) klingt in mehreren Beziehungen an unser Märchen an. Der Kalewsohn sagt nach Vergrabung des Schatzes:

„Schwarz sollen sein die drei Gesellen,
Ohne jeglich Weiß am Leibe,
Die ihr Leben müssen lassen:
Schwarz der Hahn, der Hofeswächter,
Schwarz das Kätzchen oder Hündchen,
Und aus schwarzer Erd' der Dritte
Sei der blinde, schwarze Maulwurf.
Flammet auf Johannisfeuer,

Dann soll hell der Schatz erstrahlen!
Kommt ein Mann, der drei Gesellen
Zaubermächt'ges Blut zu opfern:
Steige auf der Schatz drei Schuh hoch,
Eine Spanne noch darüber,
Sei dem klugen Wort gehorsam
Und dem Bann der Taara-Weisheit!
That des Mannes Mutter aber
Fehl mit Fremden oder Eignen,
Niemals soll der Schatz der Ahnen
Dann in seine Hand gelangen!
Einem Sproß von reiner Mutter
Bleibt der alte Schatz als Erbe." ꝛc.

41. Die drei Schwestern.

[1] Vgl. die Anmerkung 2 zu Nr. 27. — Heilquellen gab und giebt es noch gleich den Wetterquellen überall im Lande. Sie heißen „Lebens- oder Augenquellen" (elu- oder silmahallikad). Häufig wurde zu Heilzwecken das Wasser aus vier verschiedenen geweihten Quellen zusammengetragen. In unzähligen Fällen kommt noch heute das von einer göttlichen Kraft belebt gedachte Wasser als entsühnendes oder heilkräftiges Element zur Anwendung. Noch heute z. B. nehmen die Pleskauschen Esten alljährlich am Johannistage nach Sonnenaufgang in einem „heiligen Bach" (püha lätte) ein Reinigungsbad, dem Opfer und Gebete vorangehen.

43. Die Geldlade.

[1] Im Norden der Insel.

[2] Das Geldfeuer („rahatuli"), das glänzende, die Menschen verlockende und irre führende Zeichen (Irrlicht) eines verborgenen Schatzes, erscheint auch personificirt in der „Palunöid" (Heidenhexe).

[3] Schwein, Ziege, Kröte und Fledermaus sind des Teufels Lieblingsthiere. Bei Verwandlungen nimmt er auch gern die Gestalt einer schwarzen Katze an.

45. Der verhexte Gaul.

¹) Ein probates Mittel, um Todte am Verlassen des Grabes zu hindern. Nach altestnischem Glauben führen die Verstorbenen überhaupt noch im Grabe eine gewisse Existenz fort. Man befragt sie an ihrem Grabhügel und sie ertheilen unter Umständen Antwort und Rathschläge. Böse, schuldbeladene Verstorbene jedoch verlassen nächtlich ihre Gräber und wandeln umher (Heimgänger), um wie bei Lebzeiten Uebles zu thun. Diese werden in der angeführten Art gebannt und unschädlich gemacht.

47. Der wunderliche Heuschober.

¹) Vgl. die Anmerkung 3 zu Nr. 13.

50. Die kluge Bäuerin.

¹) Name für eine Kuh mit weißer Stirn.

²) Wörtlich „Kaltschuh". Die „Kaltschuhe" werden als irrende, umgehende Seelen verstorbener Menschen betrachtet, die aus irgend einem Grunde im Grabe keine Ruhe finden. Zu gewissen Zeiten und Stunden gelingt es ihnen, sich den Lebenden zu nähern, wobei sie stets eine böswillige Absicht verfolgen. Als schreckhafte Geister der Dunkelheit gesellen sie sich zu der Gruppe der übrigen Vegetationsdämonen, die in der Unsicherheit der Nacht auf öden Heiden und schweigenden Mooren ein unheimliches Gesicht annehmen.

51. Der schwarze Tod.

¹) Die Ostseeprovinzen sind häufig von verheerenden Seuchen heimgesucht worden (in den Jahren 1315, 1532, 1549, 1570 und 71, 1579 und 80 u. s. w. und namentlich 1710) und die Erinnerung an das Elend jener Zeiten lebt in der Volkssage lebendig fort. Die von den Chronisten (wie Thomas Hiärne, Balthasar Russow, Engelken u. A.) geschilderten Schreckensscenen aus jenen Jahren, wo Eltern ihre Kinder schlachteten und verzehrten und die Verbrecher am Galgen oder auf dem Rade den vor Hunger Wahnsinnigen zur Speise dienten, übertreffen

Alles, was die düsterste Phantasie ausbrüten mag. Diese schrecklichen Perioden unserer Geschichte müssen das Volksgemüth auf das Tiefste erschüttert haben, wie der tragische Ton des Volksliedes beweist, wo es sich jener Zeiten erinnert. Aus einer von Hurt (Alte Harfe, Sammlung II, 1. und 2. Lieferung, pag. 2 flg.) veröffentlichten Rune übersetze ich die nachstehenden Verse:

> Ach Ihr zarten Jungfrauen!
> Jetzo dürft Ihr jubiliren,
> Scherzen jetzt zur rechten Stunde!
> Jetzt ist Katk in anderen Landen,
> Weit von Euch der Männerwürger,
> Weit der Frauentod in Tarwast.
> Doch auch Euer Mund wird schweigen,
> Eure arme Zunge stocken! —
> Wenn von fern kommt Katk gezogen
> Männermord aus anderen Landen,
> Frauentod herbei aus Tarwast.
> Würgt er wohl die Klügsten hin,
> Pflückt er ab die Allerjüngsten,
> Von der Mutter Schoß den Säugling.
> Ziehen läßt er nur die Greisen,
> Leben läßt er nur die Waisen!

Pest, Fieber und Krankheiten aller Art erscheinen in der estnischen Mythe (und ebenso bei sämmtlichen verwandten Stämmen) personificirt, d. h. der übersinnliche, feindliche Dämon verbirgt sich bei seinem persönlichen Auftreten hinter einer dem menschlichen Wahrnehmungsvermögen zugänglichen Erscheinungsform. Das Fieber, der „Hall“ (der Graue), bald männlich, bald weiblich gedacht, erscheint in Menschen- oder Thiergestalten und sitzt rittlings auf den von ihm Ergriffenen. Außer Bannsprüchen giebt es vielerlei Schutzmittel wider die Fiebergeister. — Die Pest, der Katk, pflegt ohne Sippschaft zu sein. Der Katk tritt als ein schwarzer oder grauer Mann auf und wird von ihm in einigen Landestheilen, namentlich auf den Inseln und an der Küste Estlands, geglaubt, daß er keine Füße habe, daher er fahren oder sich (als Contagium) weiter tragen lassen mußte. Wiedemann (a. a. O. pag. 423) erzählt: „Wenn er in einem Hause war, so durfte Niemand aus einem anderen dahin

gehen, damit nicht Katk ihm in die Tasche kroch oder sich irgendwo an-
hängte und sich so in ein noch gesundes Haus bringen ließ. Wenn es in
einem Dorfwege zu kothig war zum Fahren, so verwandelte er sich in
einen Hund, ein Schaf oder eine Ziege, um zu Fuße zu gehen."

53. Der dankbare Katk.

1) Die lohende Flamme schützt vor Dämonen und allerlei Einflüssen
schädlicher Art.

55. Der reiche und der arme Bruder.

1) Erinnert an den raublustigen „õnnetooja" (Heckemännchen), der
zwar den einen Bauer bereichert, aber den anderen bestiehlt, und der an
einem Gründonnerstage in den Fluß geworfen werden muß, um ihn los
zu werden. Die Armuth („waesus") tritt sonst nicht persönlich auf.

58. Die Schwalbe.

1) Zu den verwandelten Thieren gehören in der estnischen Sage
noch der Kuckuck, der aus dem Herzen eines Waisenkindes entstanden ist
und dessen Gesang lautet: „Kuku, kuku! Die Stiefmutter schlug mich todt,
der Bruder trank mein Blut, die Schwester aß meine Finger! Der Stiefmutter mit einem Stein! Kuku, Kuku!", ferner die aus einem frommen,
im Walde verirrten Mädchen entstandene Taube, die Fledermaus, in welche
Altvater eine Hexe verwandelte, und einige andere.